语法：优选论与范例理论的结合式选择

Grammar as selection:
Combining Optimality Theory and Exemplar Theory

【荷兰】耶鲁安（Jeroen van de Weijer）◎著

陈雯珺◎译

上海交通大学出版社
SHANGHAI JIAO TONG UNIVERSITY PRESS

内容提要

  本书试图将两种颇具影响力的理论联系起来,其中一种是音韵学/语言学领域的优选论(Optimality Theory),另一种则是普通认知学/心理语言学领域的范例理论(Exemplar Theory)。在书中,先是分别对这两种理论进行了详尽的介绍,让读者能够清晰地了解它们各自的起源、发展脉络、核心概念以及主要的应用场景等内容。而后,作者经过深入的研究与分析,精准地找出了一个有可能将这两种理论相互结合的切入点,旨在探索通过这样的结合,是否能够为相关领域的研究开拓新的思路、带来新的突破,或是帮助解决一些以往单独运用某一种理论难以攻克的难题,从而为语言学以及与之相关的认知科学等诸多方面的后续研究提供更具创新性和拓展性的理论基础。

图书在版编目(CIP)数据

  语法 : 优选论与范例理论的结合式选择 /(荷)耶鲁安著 ;陈雯珺译. -- 上海 : 上海交通大学出版社,
2025. 9. -- ISBN 978-7-313-33181-6
  Ⅰ. H0
  中国国家版本馆 CIP 数据核字第 20250WF121 号

语法：优选论与范例理论的结合式选择

YUFA：YOUXUANLUN YU FANLI LILUN DE JIEHESHI XUANZE

著　者：[荷] 耶鲁安		译　者：陈雯珺	
出版发行：上海交通大学出版社		地　址：上海市番禺路 951 号	
邮政编码：200030		电　话：021 - 64071208	
印　制：上海新华印刷有限公司		经　销：全国新华书店	
开　本：710 mm×1000 mm　1/16		印　张：7	
字　数：97 千字			
版　次：2025 年 9 月第 1 版		印　次：2025 年 9 月第 1 次印刷	
书　号：ISBN 978 - 7 - 313 - 33181 - 6			
定　价：88.00 元			

译者序 | PREFACE

在语言学研究的广袤领域中，音系学与形态学一直是备受瞩目的重要分支，它们对于揭示语言的内在结构和运作机制起着关键作用。耶鲁安（Jeroen van de Weijer）教授的这本《语法即选择：优选论与范例理论的融合》（*Grammar as Selection: Combining Optimality Theory and Exemplar Theory*）正是在这一学术领域深入探索的成果结晶。

耶鲁安教授在语言学界久负盛名，他拥有丰富的学术经历和卓越的研究成果。本科毕业于荷兰奈梅亨拉德堡德大学，又在英国伦敦大学学院深造，之后在莱顿大学取得博士学位，并在莱顿大学等多所知名高校任教。他不仅创建了莱顿大学语言学学术研究型硕士班，还在上海外国语大学任教时荣获"东方学者""上海市白玉兰奖"等诸多荣誉。其深厚的学术积淀和广泛的研究领域，为本书的创作奠定了坚实基础。

本书聚焦于优选论（Optimality Theory）和范例理论（Exemplar Theory），旨在探索将这两种理论相结合的可行性及其深远意义。优选论自 20 世纪 90 年代发展以来，迅速成为音系学领域的重要范式，它以约束条件为核心，为解释语言现象提供了独特视角；范例理论则源于心理学，强调语言使用和经验在语言习得与运用中的关键作用。然而，以往这两种理论常被视为相互对立，甚少有人深入探究它们之间的关联与融合。耶鲁安教授敏锐地捕捉到这一研究空白，通过本书深入剖析两种理论的优势与局限，创新性地提出将二者结合，构建出一种更具解释力的语言学理论。

在书中，作者首先分别对优选论和范例理论进行了系统阐述，详细介绍它们的基本原理、核心观点以及在实际研究中的应用案例。通过丰富的实例，如对不同语言中元音鼻化现象、词形变化规律的分析，让读者清晰地

1

理解这两种理论的运作机制。随后，作者深入探讨两种理论结合的具体方式和潜在优势。他提出，将优选论的约束条件与范例理论的丰富语言经验存储相结合，能够更好地解释语言中的变异现象、频率效应以及语言习得过程。这种结合不仅为解决传统语言学理论中的难题提供了新途径，还为语言研究开辟了更广阔的视野。

《语法：优选论与范例理论的结合式选择》完成于 2012 年，它对于多个语言学理论的深刻解读和洞见，至今仍闪耀着智慧的光芒。在国内音系学和形态学领域，本书具有不可忽视的启发意义。它为相关专业的学者和学生提供了全新的研究思路和方法，有助于打破传统研究的思维定式，推动国内语言学研究与国际前沿接轨。从理论推进的角度看，本书所倡导的理论融合理念，促使研究者重新审视不同理论之间的关系，激发更多跨理论研究的尝试，为语言学理论的创新发展注入了新的活力。相信本书的翻译出版，将为国内语言学界带来新的思考与探索，助力语言学研究迈向新的高度。

本书的翻译工作得以顺利完成，离不开华东师范大学张吉生教授的耐心指导。张教授在音系学领域造诣深厚，凭借其精深的专业知识和丰富的研究经验，为翻译过程中诸多关键问题提供了精准而专业的见解，从专业术语的斟酌到理论阐释的精准度把控，都给予了悉心指点。

前言 | FOREWORD

在本书中,我探讨了将两种理论结合所产生的影响,这两种理论与词汇的表征、感知和生成相关,尤其是与其语音和音系特征相关。这两种理论就是优选论和范例理论。在过去几十年中,它们在各自的应用领域内取得了巨大成功,但通常被认为是彼此不兼容的,因为它们分别基于理论语言学和应用语言学。而今,我将尝试证明,结合这两种理论的核心见解不仅是可行的,而且还能解决这两种独立理论中一些长期存在的问题。最终,这将形成一种词汇表征理论,其中语音学和音系学的角色可以被清晰地定义,从而解决了语言责任应如何在两者之间分配的问题。这一理论还将对形态结构的本质以及心理语言处理产生直接影响。我们将在书中详细展开上述内容。

第一部分(理论部分)讨论优选论和范例理论(分别为第 1 章和第 2 章,这两章需读者对音系学理论有基本了解)。我将重点分析这两种理论的设计特点,以确定它们的优点和潜在缺陷。我还将通过一些案例研究来展示这两种理论在实践中的应用。在第 3 章,我将提出一种新理论来结合这两种理论,这种结合的基础是认识到选择(而非推导)在这两种理论中都起着作用。通过定义选择的集合以及选择所依据的原则,就形成了我们新的结合理论。

第二部分则更侧重于实证研究,探讨这一结合理论所带来的多方面的影响。这些影响部分是由所提出理论的结构自然得出,部分是对理论如何运作得更详细说明,还有部分是需要进一步研究的领域。每一章都将围绕一个特定的论点展开,并通过已有的或新的数据来展示,结合理论如何解决某些问题。第 4 章讨论了音系制约的起源。众所周知,经典优选论假定制约是天生的,然而,有很多研究者反对这一观点,并主张制约条件是通过一般认知原则(或语言特定原则)习得而来。在结合理论中,制约条件将基于表层形式自然产生,并且是定义词汇关系网络的函数。

第5章和第6章讨论了音系表征的抽象性。第5章研究所谓的"交替条件",该条件规定音系表征不应过于抽象。尽管交替条件(或其优选论中的等价物——词汇优化)是一个合理的元制约条件,但它不应像当前的生成理论那样被硬性规定。这部分的分析可以证明,在融合理论中,抽象性问题永远不会出现。第6章则探讨了音系表征在多大程度上以及何以被不充分赋值,生成音系学中对此提出了多种竞争性提议,从依存音系学中的激进不充分赋值(radical underspecification)和独值表征(monovalent representations),到对立和完全赋值(contrastive and full specification)都有。鉴于结合理论中的表征是表层形式,我们推导出:当前(即在经典优选论中)的总体倾向仍然是完全赋值。

第7章讨论了形态学中的一个长期争论,即关于语素组合的不同模型,例如"语素与排列"与"语素与过程"。在融合理论中,由于假设形态相关的表层形式被存储,语言学习者和使用者有充足的空间发现形态结构,但"排列"和"过程"等术语并不适用。因此,我将提出"语素与关系"这一术语来描述该模型中的形态学捕捉方式。我将展示"类比"在这一模型中的重要作用,它很可能是"计算"新形式的唯一方式。

在本部分的最后一章中,我将讨论语言变异。过去五十年中,变异研究对语言学模型的影响越来越大,而在本模型中我也提出了自己对变异的独特看法。我特别关注所谓的"自由变异",如果它确实存在的话,它对音系学或形态学的理论模型来说是个难题,但在融合模型中却能得到较为自然的处理。

这里我也指出我的研究局限:我的研究是一项关于词汇(以及诸如习语之类的短语,有充分证据表明它们也能作为储存单位)的研究,并不涉及句法组合或句法处理。就我所见,目前无法证明本书所提出的理论在处理句法方面优于或差于其他模型。

目录 | CONTENTS

第1章 优 选 论

1.1 引 言

优选论(Optimality Theory,简称 OT)是一种关于音系学(或语言学整体)运作方式的理论。它于 20 世纪 90 年代初发展起来,并取得了惊人的成果,迅速成为 20 世纪末到 21 世纪初音系学的主导范式。它取代了早期"基于规则"的模型。优选论中的制约条件,即合格性条件,在语法中起着核心作用,甚至可以说它们构成了语法的本质。在本章中,我首先将简要阐述优选论的主要设计特点,并对比它与先前理论的差异。我不会对该理论进行全面介绍,因为这在其他许多地方都能找到,而且我必然无法做到全面;我也不会呈现该理论的最新全貌,因为很快就会过时。与任何活跃的研究领域一样,优选论正在"分化"(van Oostendorp & van de Weiner,2005b:1):人们正在探索优选论的不同研究方向,一些子理论也在不断发展(本研究中将简要提及其中一些)。相反,我将重点讨论在各子理论中普遍认可的主要原则,并尝试揭示优选论能如此迅速地取得成功的原因。

在 1.2 节,我将阐述优选论的基本内容,并提供一些案例研究,以说明其运作方式及其分析上的成功之处(1.3 节)。在第 3 章(3.2 节)中,我将指出优选论中的一些问题,或者至少是那些虽经积极、持续研究但尚未达成明确共识的领域。我们将看到,与这些领域相关的问题能够在第 3 章提出的融合模型中得到解决。

1.2 优选论概述

优选论起源于和谐语法(Legendre et al.，1990b)及相关连接主义方法(Smolensky & Legendre，2006 中的多个章节)。该理论的"标准"版本由普林斯和斯莫伦斯基(Prince & Smolensky，1993/2004)提出，并在卡格(Kager，1999)等教科书中得到系统阐述。一直以来，优选论的研究工作都通过罗格斯优选论文献库(Rutgers Optimality Archive)得以广泛传播。该文献库传播有关优选论的研究成果(网址：http://roa.rutgers.edu)，目前收录了一千多篇论文，其中许多也已发表在主要的国际期刊、学位论文库及其他资料中。艾伦·普林斯(Alan Prince)、布鲁斯·海斯(Bruce Hayes)和乔·佩特(Joe Pater)等人开发了计算机应用程序，用以辅助优选论分析的发展与评估。

优选论是一个将输入(或底层表征、音系形式)与输出(或表层形式、语音形式)相匹配的系统。因此，从它假定存在一个"深"层次和一个"浅"层次。从它通过一种映射策略将二者联系起来的意义上讲，它属于生成性理论。早期的标准生成音系学(《英语语音模式》，SPE，Chomsky and Halle，1968)也假定存在两个层次，这两个层次通过推导相关联，也就是说，通过音系规则联系起来。这些将底层形式"转换"为表层形式，一般来说底层形式用斜线表示，而表层形式用方括号表示。例如/aiverj/(底层形式的词尾是/j/)转换为表层形式[aiveri]。尽管乔姆斯基和哈利(Chomsky and Halle)为音系过程的描述制定了一个全面、明确的框架，但它仍受到了不少抨击。有些论据是基于实证的，比如在《英语语音模式》提出的区别性特征系统下，某些对立无法得到体现(Campbell，1974)；另一些批评则兼具实证与理论性质，比如《英语语音模式》中假定的二元特征的限制性不如一元特征(即独值特征)。此类观点由其他音系学流派的学者提出，如粒子音系学(Schane，1984)、管辖音系学(Kaye et al.，1985)和依存音系学

(Anderson & Ewan，1987)等。

然而，生成音系学有一个问题可能比"音系片段的基本单位，比 SPE 所假设的具体语音特征更抽象"这一观点更严重，从功能或类型学的角度来看，生成音系学的核心机制（即通过规则将 A 在特定环境 C____D 中转化为 B）并不能很好地解释语言现象。以常见的尾音清化过程为例（Wetzels & Mascaró，2001），在荷兰语这类语言中，它会将底层形式 /hɔnd/（荷兰语"狗"）转换为[hɔnt]。规则如(1)所示：

(1) [-son]→[-voice]/____ ♯♯

这条规则表明，非响音（即阻塞音——塞音和擦音）在词尾（用 ♯♯ 表示）要么应该就是清辅音，要么应该变成清辅音。对于该规则，可以提出许多问题：为什么荷兰语的语法中有这样一条规则，而英语的语法中却没有呢？即便这条规则并非在所有语言中都存在，它还算是一条自然的规则吗？存在这样一条规则的原因是什么呢？在词尾位置把响音（而非阻塞音）变成清音，或者把阻塞音变成浊音，都是自然的吗？如果不自然，原因又是什么呢？乔姆斯基和哈利(1968)意识到了这些问题的严重性，并提出了一些可能的解决思路，他们在专著的第 9 章里提出了一个明确的标记理论（另见 Trubetzkoy，1939）来解释一些问题。从那时起，标记性这个概念在音系学（以及其他语言学学科）中被大量使用（参见 Johnson and Reimer，2010：第 3 章的讨论，以及其中引用的参考文献），但总的来说，它们都表明了"不是所有语言结构都具有同等可预期性"这一观点。例如，有韵尾的音节（CVC）与没有韵尾的音节（CV）相比，就是有标记的。

标记性的影响可以在多种情形中观察到。在语言习得方面，有标记的结构比无标记的结构被习得更晚。也就是说，在某些特定情况下，有韵尾的音节通常比没有韵尾的音节出现得更晚。在类型学方面，有标记的范畴以无标记的范畴为前提，也就是说，拥有韵尾音节的语言也总是拥有无韵尾音节，但反过来却不成立：只有无韵尾音节的语言不一定也允许有韵尾音节的存在(关于其他孕含关系，以及语言习得方面的证据与类型学方面证据的比较，可参见利弗尔特和范德维弗的研究(Levelt & van de Vijver，2004)。在历时方面，无韵尾音节的"无标记的地位"体现在：随着时间的推移，语言中的很多音节往往会失去韵尾(以汉语这类语言为例，在其发展过程中，不同的方言已经失去了许多或所有的韵尾)，这一事实就证明了这一点。

在这里，我们必须提出一个重要的问题：标记性是语言变化的基本原则，还是这些历史简化趋势背后有更深层的原因？显然，通过引入语音学(对语言的发音和声学特性的研究)可以找到更合理的解释：无韵尾音节在语音上比有韵尾音节更简单(清晰发音所需能量更少)。如此看来，似乎语音学能够立即解释为什么儿童的语言习得一般从无韵尾音节开始，为什么语言之中往往多见无韵尾音节而非有韵尾音节，以及为什么语言变化往往会删除韵尾。

语音学解释必须得到重视，但仅从语音学角度进行的解释并不能涵盖所有方面。这是因为，在许多语言中，儿童最终确实习得了有韵尾的音节，而且绝大多数语言都包含有韵尾的音节，这也表明语言变化并没有发展到所有语言都简化为只有"CV"式音节的程度。如果仅根据"韵尾因发音较复杂，因此具有标记性"的语音学原则来构建语法，那么就会出现所有语言的所有韵尾音节全部丢失的情况。显然，这是不符合事实的。我们将在后文看到，在优选论中，像这样的语音学原则(通过一个限制条件"NOCODA"来体现)会与其他限制条件相互作用，从而构成一个完备的语法体系。

这里必须要提出的第二个重点是，在《英语语音模式》(SPE)中，对音系形式的操作与其背后的标记性考量是彼此独立的。例如，规则(1)的动因可能源于语音学因素——音节末尾的阻塞音难以维持浊化(参见Ohala，2005 等研究)。然而，该驱动因素并不属于语法系统本身，规则与其动因之间并无必然联系。因此，规则与动因的关系是任意的，这就是为什么并非所有语言都存在类似规则(1)的现象。

总而言之,基于规则的理论仅能对语言中的音变及语音模式提供描述性解释。尽管有些规则有明确的语音学理据,但其理论框架却无法合理利用这些"高阶"进行解释;若依此逻辑,我们甚至可能错误地预测所有语言最终仅会保留如[ba]这类音节(有趣的是,Chomsky,1995:380 曾以此为例,作为对 OT 的批评)。

普林斯和斯莫伦斯基(Prince and Smolensky,1993/2004)提出的优选论,对于像/hɔnd/这样的底层形式和像[hɔnt]这样的输出形式之间的关系,采取了截然不同的视角。首先要注意的是,在该理论中,两个层次(音系层和语音层,或者深层和表层)都是存在的。从这个意义上说,它仍然属于生成语法的传统范畴,并且可以被称为"推导性的"。然而,与《英语语音模式》(SPE)不同,推导并非通过规则来实现,而是通过对基于输入形式(在这个例子中是/hɔnd/)生成的多个候选项进行评估来完成。

OT 语法应该包含两个步骤:第一步由生成器(GEN)执行,其基于输入形式(如/hɔnd/)生成无限数量的潜在输出形式[参见 Kager(1999:8)]。此步骤如(2)所示:

(2)

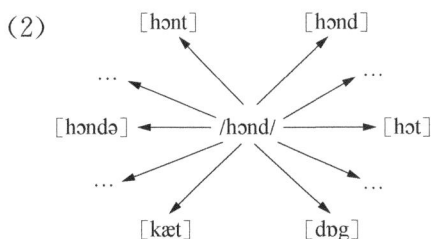

生成器(GEN)推导表层形式的第一步很有意思,它可以生成无限数量的候选项。根据定义,这些输出形式集合并不拘泥于某一种语言:所有潜在输出形式对任何语言而言都是相同的(如 Prince & Smolensky,2006:127 所述:每种语言在实现输入形式时考虑完全相同的选项集合)。其中,一个候选项是对输入形式的完全复制,即该输出形式对输入形式完全忠实。尽管这一步骤在计算上可行,且本身并无特别意义),但从心理语言学角度来看可能会受到质疑（如 Calabrese，2005：455 引述 Clements，2000 的观点）。假设一位说话者在想要说出其词库中的某个特定形式的词时，会生成无限数量的潜在表层形式，这合理吗？假设实际的表层形式在语法中完全没有地位（我将在第 3 章中再次讨论这一话题），这也合理吗？对于这些问题，我们的解释是：此类理论并非旨在构建心理语言学意义上真实的"言语生成-感知"模型，而是构建一种语言能力模型（而非语言运用模型，参见 Prince & Smolensky，1993[2004]：232ff）。但如果我们构建一个与心理语言学研究结果相一致的音系学理论，那么会更有说服力。无论如何，我们至少可以朝着这样一个在心理语言学上看似合理的理论去努力，或在两者间寻求可行的折中方案。回头审视后发现，GEN 功能存在可疑之处。事实上，在 OT 的近期版本（如和谐串行论"Harmonic Serialism"，参见 McCarthy，2011 及其引述文献）中，GEN 已被废除，仅允许其进行单步微小调整，从而避免生成无限候选项集。该模型通过多步迭代生成，解决诸如不透明性等问题。

推导表层形式的第二步是从候选项输出中选择一个用于发音。评估器（Eval-uator）的选择过程是基于一些限制条件而进行的。制约条件主要分为两类：第一类是语音自然性制约条件，如上述的无韵尾制约（NOCODA）。第二类是标记性制约条件，倾向于无标记的输出形式，例如无韵尾音节、无辅音群、含简单短元音及自然音步结构等。请注意，这样做的一个直接结果是，语音自然性条件成为该理论的一个基本组成部分，而不再是语法之外的额外解释。如果标记性限制条件是唯一的限制条件类型，语言确实可能仅保留极低标记的音节类型（如[ba]，见前文），或者实际上完全没有语音输出，因为每一种音系输出都会产生一定的语音代价（参见 Prince & Smolensky，1993/2004：30 对*STRUC 制约的讨论）。因此，标记性制约条件需靠忠实性制约条件平衡，后者纠正输出形式对输入形式的偏离。由此视角，输入形式/hɔnd/应优先映射为完全忠实的输出形式[hɔnd]。若发生改变（如荷兰语中输出形式为[hɔnt]），则必然存在更高层级的标记性制约条件（如要求韵尾（或所有）阻塞音应清化的制约条件）来驱动此变化。我们将在下一节通过案例分析探讨 OT 如何计算输出形式。值得注意的是,标记性制约条件的动因可能源于语音学(尤其是促进发音便捷性动因),而忠实性制约条件的动因则与心理语言学相关(尤其是促进词汇识别便捷性,参见 van de Weiner,2009,2010)。若听者感知的输出形式能直接匹配其底层表征库中的输入形式,其"加工"成本可能低于识别经过语音"调整"后的输出形式。因此,OT 天然与语音学及心理语言学紧密关联,有望成为连接"理论"框架与人类言语行为生理、心理理论的桥梁。本书所追求的正是此类"整体性"理论。

下一节将通过少量案例分析阐释 OT 的运作方式。更多例证可参阅文献(如 Archangel & Langendoen,1997;Dekker et al. ,2000;Lombardi,2001;McCarthy,2004 等)。

1.3 案 例 研 究

在本节中,我将展示三项简短的实证研究,每项研究都旨在阐述优选论的某些重要内容。识别 OT 的优缺点至关重要,这样我们才能明白在融合理论中应保留哪些内容,以及当前语言学思考中存在哪些问题。为此,在 1.3.1 节,我将着重介绍优选论所作出的类型学预测;在 1.3.2 节中,我将解读"无标记项目浮现"效应;而在 1.3.3 节,我将概述在优选论框架中音系学与形态学之间的相互作用。

1.3.1 基于排序的类型学

"所有制约条件具有普遍性"这一假设衍生出一个重要预测(而这在早期基于规则的理论方法中是完全不存在的),即语言之间的差异只能源于限制条件层级排列的不同。反过来,该理论也预测,任何可能的限制条件层级排列都会对应于一种(可能存在的)语言。对于这一预测,可以区分出强弱两种版本;强版本的预测是"所有可能的限制条件层级排列都应对应于现存的语言（或语言变体）"。这似乎是一个过高的要求，因为哪怕只是对有限数量的限制条件进行排列组合，都会产生非常多的可能性（例如，仅十二个限制条件，预测的变体数量就是 12 的阶乘，即 479 001 600 种，这还没有考虑到限制条件层级相同的情况——这个数字比世界上语言的实际数量要大得多）。弱版本的预测是"可能的限制条件层级排列应对应于可能存在的语言"，这里"可能存在的语言"被定义为"可习得的语言"。需要注意的是，基于规则的音系学（Chomsky & Halle，1968）中不存在上述任何一种预测，它依赖于语法之外的参数系统来描述（而非解释）类型学偏好（可参考 Hayes，1980，1995 关于重音系统的参数理论）。

让我们来看一下世界上各种语言中口元音和鼻元音的分布情况。在麦迪逊（Maddieson，1984）所调查的语言中，几乎有四分之一的语言在这两种类型的元音之间存在音位对立（Maddieson，1984：130）。法语就是其中之一（具体分析方法，不同学者会有所不同），如（3）中的最小对立体所示：

（3） *bas*   [ba]   低   *ban*   [bã]   一半

      tres   [trɛ]   非常   *train*   [trɛ̃]   火车

      paix   [pɛ]   和平   *pain*   [pɛ̃]   面包

像法语这样的情况被称为"完全对立"。其他具有这种对立的语言还有印地语、乌尔都语和葡萄牙语。另一方面，无鼻元音的语言是存在的，但仅有鼻元音而无口元音的语言尚未发现（音系理论需解释此不对称性）。在另外一些语言中，口元音和鼻元音呈现互补分布：鼻元音出现在鼻音环境中（例如在鼻辅音之前或之后），而口元音则出现在其他地方。在标准生成音系学中，鼻元音在底层被分析为口元音，受到自然鼻音化规则的影响。汉语的许多变体都属于这种类型：对于很多说汉语的人来说，在 /n ŋ/（汉语普通话中仅有的两个韵尾辅音）之前的元音会强烈鼻音化，而其他位置的元音则是口元音（参考 Chen，2000）。英语亦属此类（参考 Chen，

1997）。另外，上述两种语言类型的结合也是可能的：在这类语言中，元音之间存在口元音和鼻元音的对立，但在鼻音环境中（例如在鼻辅音之前或之后）这种对立会消失，仅有鼻元音出现。

而这些语言类型可通过标记性制约条件与忠实性制约条件的组合进行描述。三个相关的限制条件如（4）所示（参考 Kager，1999：34 页及以后，2007b；McCarthy，2002b：83 页及以后；Steriade，2007：148 页及以后）：

（4）-一般标记性制约条件

　　$^*V_{nas}$（"无鼻元音"）

　　-某语言中的标志性制约条件（语境性标志性制约条件）

　　$^*V_{oral}N$（"在鼻辅音前无口元音"）

　　-忠实性制约条件

　　IDENT-IO（[nasal]）（"不改变鼻音特征值"）

一般的标记性制约条件完全禁止鼻化元音。若某语言将此制约条件置于高位，那么表层将不允许出现任何鼻元音（尽管根据"基础丰富性"原则，输入中可能允许鼻化元音，参见 Kager，1999：29）；而此时另两项制约条件的排序无关紧要，这一点容易验证。

如果忠实性约束排在最高位，那么无论语音环境如何，口腔元音和鼻化元音都将始终完整地出现在表层形式中。底层对立得以完全保持，形成前文所述的"完全对立型语言"。此时两项标记性制约条件的相对排序亦无关紧要。

若语境标记性制约条件居于最高位，则需要考虑两种排序，这两种排序需要能够充分描述上文提到的两种语言类型：

（5）a. $^*V_{oral}N \gg$ IDENT-IO（[nasal]）$\gg ^*V_{nas}$

　　b. $^*V_{oral}N \gg ^*V_{nas} \gg$ IDENT-IO（[nasal]）

在第一种排序中，元音在鼻辅音之前将被鼻化，因此/pan/（或/pãn/）将始终以[pãn]的形式出现在表层。在此语境中，口鼻元音的对立就消失了，这就对应上文所述的"语境中和"现象。

若语言中无鼻音韵尾（此时首项制约条件因无适用环境而自动满足），由于 IDENT-IO([nasal]) 的较高排序，底层对立将得以保留。相关制约条件评估过程如下表所示：

(6) a.

/pan/	* V$_{oral}$N	ID(nas)	* V$_{nas}$
[pan]	* !		
☞ [pãn]		*	*

b.

/pã/	* V$_{oral}$N	ID(nas)	* V$_{nas}$
☞ [pã]			*
[pa]		* !	

在评估过程中，制约条件层级（从左至右排序）需从候选项集中选定一个优选形式，以手指符号（☞）标示。在经典 OT 评估表中，制约条件违反以星号（*）表示，关键违反则标记为感叹号（!）。对评估结果不再产生影响的制约条件单元格以阴影覆盖。如果两个最低排位的约束顺序调换，那么在没有鼻音语境时，一般标记性约束将发挥作用，排除鼻化元音（仅允许语境限定的鼻化）。由此产生的结果就是上文提到的音位变体情况，相关评估过程如下表所示：

(7) a.

/pan/	* V$_{oral}$N	* V$_{nas}$	ID(nas)
[pan]	* !		
☞ [pãn]		*	*

b.

/pã/	* V$_{oral}$ N	* V$_{nas}$	ID(nas)
［pã］		* !	
☞ ［pa］			*

上述分析表明,(4)中列出的常见制约条件的不同排列方式,可直接对应实际语言中普遍存在的现象。完全对立、音位变体(即互补分布)及特定位置的中和等常见现象,均可通过特定制约条件排序得到解释。

其他排列类型学研究聚焦于音系行为的不同维度。例如,克雷默(Krämer,2003：152 页及之后)构建了元音和谐中词缀行为的类型学模型;对于浊音现象亦受广泛关注(参见 Lombardi,1999；Wetzels & Mascaró,2001；Ito & Mester,2003：11 页及之后；Zonneveld,2007：13 页及之后);唐(Tang,2008：123)提出了辅音-声调互动的类型学框架,而戈登(Gordon,2002)与卡格(Kager,2007a)则探讨了不同重音系统的类型学预测。

总结来说,世界语言中鼻元音与口元音的分布模式可通过制约条件的交互得到充分描述。制约条件的几种排列方式恰好完美地对应了"完全对立""中和"及"音位变体"等最常见语音现象。当然,我们也需要谨慎对待此类结论,因为 OT 的制约条件全集尚未明确,且短期内难以达成共识。无论如何,OT 所做的类型学预测非常具体,这是其他理论所不及的。

1.3.2　无标记项的浮现

如上所述,输出形式的表层实现由标记性制约条件与忠实性制约条件的交互作用决定。在特定情形下,某些输出成分的评估可能不受忠实性制约条件影响。例如,对于插入元音(epenthetic vowels)来说就是如此,因为它们(根据定义)在输入中并不存在。因此,插入元音是非标记的,这取决于发生插入现象的语言的约束层级(注意,赖斯发现"插入元音在发音位置上可以是前元音、中元音或后元音,在高度上可以是高元音、中元音或低

元音"，Rice，2007：90）

探究此类"无标记项浮现"（Emergence of the Unmarked，TETU；McCarthy & Prince，1994）的理想领域是重叠构词（reduplication）。重叠语素需指定形态句法特征（如"复数""前缀"）及韵律形态（这在同时存在"部分重叠"与"完全重叠"的语言中尤为必要，此类现象极为普遍，参见Moravcsik，1978；Raimy，2009）。另一种思路认为相关语素需指定形态范畴（如前缀或词干），该观点由英克拉斯与佐尔（Inkelas & Zoll，2005）及唐宁（Downing，2006）提出。需注意，重叠语素无音段特征要求，因其特征取决于所依附的词基。

这一点在梵语的完成式重叠中得到了说明（例（8），引自 Kager，1999：214；另见 Steriade，1988：120；van de Weijer，1996：181），重叠前缀以下划线标示：

(8) pa-prat^h-a   传播

     ma-mua:-u   注意

     sa-swar   听起来

     da-d^hwans-a   散开

重叠前缀的韵律形式始终是一个 CV 音节，但其音段不能成为底层表征的一部分。伊达尔迪和雷米（Idsardi & Raimy，2008：175）指出，这种韵律形式（一个轻音节）需要在底层进行规定，因此，我们不能在词素的输入中包含任何音段。换句话说，前缀的表层音段是由与重叠词基的对应关系决定的，而不是由与输入音段的对应关系决定的。卡格（Kager，1999：215）指出，如果"标记性制约条件"优先于"重叠同一性制约条件"，那么就会出现无标记模式（另见 Urbanczyk，2007：478 页及以后）。事实上，例（8）也证明了这一点：词根的词首辅音群在重叠前缀中简化为词首单辅音。因此，禁止辅音群的制约条件"* COMPLEX"在非派生词干中没有发挥任何作用。然而，由于该制约条件确实优先于"词基-重叠形式同一性"

制约条件，所以在重叠前缀中不允许出现辅音群。

梵语完成体重叠还体现了其他 TETU 效应：送气塞音[pʰ]简化为不送气音[p]，长元音缩短等等（Müller，1866：144 页及以后）。根据这些理论，梵语中所有重叠前缀均不应含辅音群，因为制约条件层级应适用于整个语言。事实上，格纳纳迪塞坎（Gnanadesikan，2004：79）观察到，在不定过去时、强调式和祈祷式重叠中也会出现同样的简化现象。

在大量重叠系统中表现出的 TETU 效应，有力地支持了标记性制约条件以及通过 OT 制约条件评估来推导输出形式的观点。没有其他理论能以如此清晰明了的方式预测 TETU 效应。它的严谨性体现在，假设有与之相反方向的效应（例如，假设允许重叠词缀中出现辅音群，但不允许词根中出现辅音群），则会彻底否定优选论的理论体系。但据我所知，尚未有此类现象的出现。

在本节的剩余部分，我们将再列举一些重叠中 TETU 效应的例子。之后，我们将简要考察在其他领域，如语言习得领域中出现的此类效应。

上文简要阐述的梵语的相关事实，体现了音节结构方面 TETU 效应。尼斯加语（Nisgha）的重叠中也有类似情况（Shaw，1987），它简化了复杂的韵尾，并将塞擦音变为擦音，从而形成了相对无标记的 CVC 音节。

由于重叠而导致的音段简化也十分常见。梵语的例子显示了送气特征的消失；在斯利蒙科莫克斯语（Sliammon Comox，中萨利希语，Central Salish）中，重叠时会去掉带喉塞特征的响音（Watanabe，2003：373，转引自 Urbanczyk，2007：478 页及以后）。我们可以将这些情况视为复杂音段的简化，或者（如果送气和喉塞等特征属于韵律特征，Kehrein & Golston，2004）视为某种音节成分的简化。某些音系理论认为"简单"音段具有内在优先性，例如，在依存音系学中，像/e/和/o/这样的中元音被认为是由多个音系成分组成的，而像/i/、/a/、/u/这样的角元音则是简单的：它们各自由一个音系成分构成（van de Weijer，1996）。因此，可以推测存在这样的重叠过程：将中元音简化为三个"角元音"。在努佩语（Nupe）中就发现了这样一个例子（Hyman，1970：67）：

(9) /gi/ 吃 [gigi] 正在吃

　　/ge/ 很好的 [gige] 美德

　　/té/ 温和的 [tité] 温和

　　/tá/ 告知 [titá] 正告知

　　/gú/ 刺穿 [gugú] 正刺破

　　/gò/ 接受 [gugò] 正接受

　　/tɔ́/ 修剪 [tutɔ́] 正修剪

在这些形式中，词根元音在重叠前缀中根据其舌位后缩程度表现为 [i]或[u]。请注意，重叠后的/a/也会实现为[i]，并且声调也会简化（努佩语有三个声调，但在重叠前缀中只出现无标记的中调）。

事实上，词缀呈现比词根更简单的音段结构（及韵律结构）并非罕见现象。这体现在"忠实性（词根）"（FAITH-ROOT）远高于"忠实性（词缀）"（FAITH-AFFIX）的倾向中（McCarthy & Prince，1995）。也许努佩语中的 TETU 效应就是这种情况的一种衍生。尽管如此，制约条件的层级排序能够预测这类效应，而其他理论则做不到。

最后，甚至在高于音节的层面上也能观察到 TETU 效应。卡格（Kager，1999：199）讨论了迪亚里语（Diyari）的情况，在迪亚里语中，无论词基是怎样的，重叠总是部分重叠，并且重叠单位始终是一个双音节音步：

(10) wi.ḷa wi.ḷa-wi.ḷa 女人

　　 kuḷ.ku.ŋa kuḷ.ku-kuḷ.ku.ŋa 跳

　　 tʲil.par.ku tʲil.pa-tʲil.par.ku 鸟类物种

从多个角度来看，双音节音步是无标记的。这一观点有很多依据：许多语言要求词汇最小长度为双音节；在儿童母语习得初期的词汇往往就是这种形式；世界各地许多语言中的昵称也倾向于采用这种形式。下一节我们会回到这个问题，讨论制约条件层级中音系与形态结构的并行性问题。

中和这一语音现象也表明了对立音位中何为标记项、何为无标记项（Trubetzkoy，1939），例如，如果两个音位在特定的音节位置上发生了中和，那么出现在表层的那个音位就是这一对音位中的无标记项。以英语为例，在英语中清塞音和浊塞音通常是对立的。然而，在词首（和词尾）的/s/之后，一般只出现清塞音/p/、/t/、/k/。在其他日耳曼语族语言中，中和现象也朝着相同的方向发展，比如荷兰语或德语中的词尾清化现象（见第一章）就是例证。

TETU 效应亦见于一语习得与二语习得领域。就第一语言习得而言，人们常常观察到，习得的最初阶段以儿童产出的无标记形式为特征。因此，有人提出，在"初始状态"下，所有的标记性制约条件都优先于所有的忠实性制约条件。事实上，语言学习就包括学习制约条件的层级关系。随着标记性制约条件的优先级逐渐降低，儿童的语言产出会越来越接近成人的输入形式。但我们仍可以证明，那些已经不再占优先地位的标记性制约条件有时仍会发挥其影响，从而使得无标记形式显现出来（Pater，1997；Gnanadesikan，2004）。

在第二语言习得中，有一种观点认为，母语有时会阻碍第二语言结构的产出（Broselow，2004；Broselow et al.，1998）。例如，在遇到像"log"（原木）、"rib"（肋骨）、"load"（负载）这些词词尾的浊塞音时，中国的英语学习者常常会把这些浊的阻塞音发成清音（Cheng，2010：35）。这种现象该如何解释呢？在汉语普通话中，任何类型的阻塞音都不允许出现在词尾（包括清塞音），因此，我们不能把这种错误模式归因于从母语向第二语言的"负迁移"。事实上，更有可能的解释是：英语学习者调用标记性制约条件，偏好词末清阻塞音。当然，这个标记性制约条件是基于语音的自然属性，即浊音段在词尾位置很难发出。

在这一节中，我们看到了无标记形式在各种情况下显现出来：重叠现象、中和现象以及第一语言和第二语言的习得过程。来自不同领域的证据高度趋同，既支持基于语音自然性的标记性制约条件，也验证了制约条件层级排序理论。

1.3.3 形态学与音系学的相互作用

优选论为语法提供了一种截然不同的并行视角。这意味着，一个词的所有表征都是同时呈现的：音段、音节结构、重音模式、形态构成（以说话者已发现的程度为准；见下文）、意义的所有方面，包括使用的隐含意义。所有这些方面都由优选论的评估程序同时进行评估。因此，制约条件可以涉及这些丰富信息中的任何一个，或所有方面。

这在音系学和形态学之间的关系层面上，与序列语法理论形成鲜明对比。有人认为，音系学和形态学是相互交织的（就像在词汇音系学中那样，见 Kiparsky，1982；Kaisse & Shaw，1985；以及 Mohanan，1986）。在词汇音系学中，形态学操作与音系规则相互穿插，以便解释"循环效应"和"后循环效应"等现象（Kenstowicz，1995；Booij & Rubach，1987）。该模型的一个变体用图表展示如下（McMahon，2000：48）：

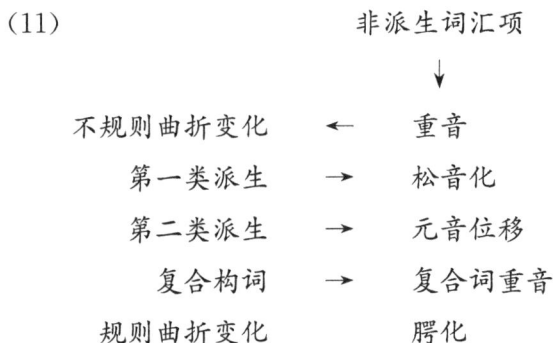

（11）　　　　　　　　　　　非派生词汇项

　　　　　　　　　　　　　　　↓

　不规则曲折变化　←　　重音

　　第一类派生　　→　　松音化

　　第二类派生　　→　　元音位移

　　复合构词　　　→　　复合词重音

　规则曲折变化　　　　　腭化

将词汇音系学提出的层级排序模型重构为 OT 框架并不困难。在一种"派生优选论"模型中（如 Rubach，2000，2011，以及其中引用的参考文献和其他相关文献），一个形态学操作的输出会由一个制约条件层级来进行评估，然后胜出的候选项会经历下一个形态学操作，而这一操作同样要接受制约条件的评估。值得注意的是，麦卡锡和普林斯（McCarthy & Prince，1993：25)针对阿希宁卡坎帕语（Axininca Campa）中形态学的不同部分提出了类似的步骤。"标准优选论"的并行观点相较于层次顺序观点,对语法结构提出了一个更有力的假设,因为它假定对于整个语言来说只有一个制约条件层级,而不是针对不同的音系层次可能存在不同的制约条件层级。

OT 框架下音系与形态处理的并行性亦体现了对形态单位本质的理解。OT 视域中的形态学不涉及形态规则应用(如"语素与过程"模型,Hockett,1954),而更契合基于词汇结构的研究路径。唐宁(Downing,2006:19-20)指出,此观点与阿罗诺夫(Aronoff,1976,1994)及安德森(Anderson,1992)的理论一脉相承。

为了阐释 OT 中音系学和形态学的并行性,让我们再研究一个重叠的例子,这个例子来自南岛语系的马南语(Manam,在巴布亚新几内亚使用)。这些数据最初来自利希滕伯克(Lichtenberk,1983),也可参见唐宁(Downing,2006:204)以及其中引用的参考文献:

(12) salága   是长的   salàga-lága   长-单数

      malípi   工作   malipi-lípi   工作

      moatúbu   是甜的   moatùbu-túbu   甜的

      ʔarái   姜   ʔarài-rái   绿色-单数

      malabóŋ   狐蝠   malabòm-bóŋ   狐蝠-复数

这种重叠过程有两个方面值得我们关注:首先,重叠形式[在例(12)中用下划线标出]始终为双莫拉长度(即两个轻音节或一个重音节)。从非重叠形式的重音分配可以明显看出,马南语是一种对音节数量敏感的语言:词尾的重音节(重音节指的是带有长元音、双元音或为闭音节的音节)会吸引主重音。重叠与音节重量相关这一事实并不令人意外,但它确实清楚地表明,一种形态学过程(重叠)直接涉及音系学(这里是韵律)结构。反过来也可以说,重叠形式中的重音分配也遵循形态学结构,这也说明了二者的相互关联。

请注意，在重叠形式中，非重叠形式原有的主重音一律降为次重音，即使它紧挨着重叠部分的主重音（例如［malabòm-bóŋ］"狐蝠-复数"）。在派生框架中，这可以通过循环规则应用来分析：首先对词根应用重音分配规则，然后进行重叠操作，接着再次应用重音分配规则（将之前的重音降为次重音级别）。然而，在非派生的优选论中，这些情况也很容易得到解释，因为像词干、词缀、基础形式和重叠形式这样的概念，就像韵律结构一样，总是存在于表征之中。因此，像［malabòm-bóŋ］这样的重叠形式的表征包含了多个结构维度：

（13）

$$
\begin{array}{ccc}
\text{x} & \text{x} & \\
\mu\ \mu\ \mu\ \mu & \mu\ \mu & \text{韵律结构} \\
\underline{\text{m a l a b ò m}} - \underline{\text{b ó ŋ}} & & \\
\text{词根} \quad \text{后缀} & & \text{形态结构} \\
\text{词基} \quad \text{重叠} & &
\end{array}
$$

重叠的基础形式是［malabóŋ］。若存在一项制约条件要求基式与重叠形式（输出形式）之间保持严格的韵律对应，则基式在经历重叠时其韵律结构将得以保留。如果这个制约条件的层级不高，那么一个重叠形式可能会形成一个全新的重音域。像马南语这样的例子表明，并行模式可用的丰富结构表征，完全能够达到以往需通过规则排序才能达成的效果。

1.4　小　　结

在本章中，我介绍了优选论的基本理念和运作方式，这是当今最为重要的音系学理论之一。我特别关注 OT 的基本原则，以及它对先前模型的改进之处。OT 与语音现实的联系更为紧密，其标记性制约条件可关联

"发音便捷性"等自然语音倾向。然而矛盾的是,此类制约条件常被假定为先天存在——为何不明确其功能性关联? 此外,优选论在类型学预测方面也很可靠,它要求不轻易引入新的标记性制约条件(或任何其他类型的制约条件),因为这会在类型学上产生广泛的影响:如果这些影响与现实不符,那么该制约条件无论多么恰当或精妙,都必须被摒弃(参见 McCarthy,2008a;第 5 章)。

尽管优选论在分析方面取得了巨大成功,但它并非一个完美的理论。目前,还没有人针对某一种语言制定出一个全面的制约条件层级,能与乔姆斯基和哈利(Chomsky & Halle,1968)为英语所做的分析成果相媲美。OT 中的"不透明性"问题一直存在,尽管人们尝试了多种解决方案,但成效参差不齐(可参见"共鸣理论",McCarthy,2002a;以及最近的"和谐串行论",McCarthy,2011)。此外还有其他问题,比如"解决方案过多"的问题(如 Steriade,2001;Wilson,2001),在 OT 中,标记性的违背通常是以特定的方式得以处理,而非像排列类型学那样,通过将所预测的全部可能方式陈列出来解决。我们将在第 3 章中再次探讨其中的一些问题。

下一章将概述植根于语言使用与心理学的另一个理论——范例理论(Exemplar Theory),旨在阐明其基本原则并展示其运作机制。

第2章 范例理论

2.1 引　言

生成语法常常与"基于用法"的理论形成对比,后者认为人类的语言能力是由实际的语言使用塑造而成的(Bybee,2006)。对于这种语言能力的本质,它们没有先验的假设,也不主张存在天生的特定语言能力(比如与生俱来的制约条件)。仅假定适用于人类广泛经验领域的通用认知学习策略。

有一种具体基于用法的理论是范例理论(Exemplar Theory,简称ET)。范例理论最初是作为一种一般性的心理学理论被提出(Nosofsky,1988)。艾森克和基恩(Eysenck & Keane,2000:306页及以后)概述了它在心理学领域的现状,并将其与其他理论(比如原型理论)进行了比较。他们给出了基于范例理论的四个定义性特征(第320页):

(14) -范畴由一系列实例或范例构成,而非对这些实例的任何抽象描述。
　　-实例依据某种相似性度量标准相互归类。
　　-范畴化以及其他类似现象,可以通过一种机制来加以阐释:当给出某个特定的提示信息时,该机制能够从记忆当中找出与之对应的实例。
　　-当在记忆中找不到完全匹配的内容时,通常会提取与线索最接近的实例。

基于范例的理论可以应用于有关记忆的任何方面,比如记住人脸、识别动物种类等。艾森克与基恩指出,尽管存在抽象化与相似性判断等问题(Eysenck & Keane,2000:322),该理论仍获多方证据支持(通常优于原型理论)。下文将结合语言的特性探讨这些问题。

上述范例理论的四个特征也可以直接应用于语言理论,尤其是应用于词汇的知识和学习方面(Johnson,1997;Pierrehumbert,2001;Bybee,2006)。ET 的核心观点之一是其存储观,与生成语法的“心理词库”概念形成鲜明对比。ET 认为,听到并识别出的词语不会消逝,而是以高精度语音细节存储下来,听到的词语实例会基于其意义添加至特定“范例集群”中。如果一个单词被多次听到,那么这个单词最初的表征就会得到强化;更准确地说,由范例集合中的形式所表达的概念会在记忆中更加牢固地确立下来。从一般心理学的角度来看,这是很有道理的,因为更频繁地接触相同(或非常相似)的经历会加强对这一事件(或物体)的记忆。

存储的单词不是简单地罗列出来,而是以一种有条理的方式存储在一个网络结构中。同样,这与其他认知领域的逻辑完全相同,比如当我们识别和记住人脸、动物或物体(甚至是想法)的时候。所有这些都被分类成组,相互之间存在关联,而它们出现的具体(语用)情境可能也会被记住。当然,这样的记忆会随着时间而衰退,某些实例(或特定实例的特定特征)如果没有新的经验来强化,就会随着时间的推移而被遗忘。

拜比(Bybee,2006)的两段话总结了这些要点,并阐释了范例理论在语言学中的运作方式,如(15)所示。

(15) -在范例理论中,每一次经历的具体事例都会被分类,并作为解码过程的一部分,被纳入一个庞大的组织网络当中。新的经历事例不会在解码后就被弃置不顾,相反,它们会对记忆表征产生影响。特别是,当一个语言经历的具体事例与现有的某个范例完全相同时,它就会被归到那个范例之下,从而强化该范例。

　　 -那些与现有范例相似但不完全相同(在意义、语音形式或语用方面存在细微差异）的具体语言实例，会被当作独立的范例来呈现，并被存储在与之相似的范例附近，进而构成范例集群或范畴。

（Bybee，2006：716）

这与生成语法中对底层形式的处理方式的差异是非常大的。范例理论中的表征并不"经济"，而是包含了大量"冗余"信息，比如多变的语音实现形式、发音错误、语用因素以及其他语境信息等。正如上文所指出的，随着时间的推移，其中一些因素会被遗忘，但特别频繁出现的实例（或情境）会得到强化并保留在记忆中。然而，这些表征相互之间并不是毫无关联的，而是构成了一个网络，这也与生成语法（包括优选论）形成了鲜明的对比。在生成语法和优选论理论中，底层表征（或输入）之间并没有特定的关系（尽管优选论认识到有必要解释形态相关词之间的相似性效应，比如"输出-输出对应关系"（OO-correspondence，McCarthy & Prince，1995）。相比之下，ET 中的网络关系可以以不同的类型得以实现：不仅形态相关的词会被存储得彼此接近，并且语音关系（比如押韵和其他语音对应关系）、语义关系（包括语义场，可参考 Aitchison，1994）也可能会在这个多维的网络结构中体现出来。

我们有充分的（心理）语言学证据支持这种"丰富"的表征设定以及网络结构。其中，有一种称之为"舌尖现象"的语言学现象：说话者可能知道某个给定单词的意思、重音模式、音节数量等等，但他们就是无法准确回忆该词的音段构成。因此，尽管这个单词没有被完全回想起来，这些知识依然存在（Brown，1991；Brown & McNeill，1966；Levelt，1993；Rubin，1975）。这表明，人们对单词的了解远不止是一串音位而已。但不管怎样，语音细节必然是被存储了，因为说话者即使过了很长时间也能毫不费力地识别出熟悉的声音（例如 Pisoni，1993）。从语音学的角度来看，也有人认为语音信号是"过度规定"的，也就是说，它携带了大量冗余信息，这样听众即使在语境模糊的情况下也能理解信息（例如，Stevens & Keyser，1989，关于"增强"的概念）。另外，在第 1 章中我们看到，在 OT 中，音系表征同时包含了不同类型的信息(特别是音系结构和形态结构),而 ET 理论对存储项目的表征方式也符合这样的趋势,只不过 ET 将这一理念推向了逻辑上的极致。

范例理论似乎特别适合处理言语感知问题。言语感知已经通过激活模型进行了模拟,在这些模型中,词汇通过激活竞争完成识别。研究者们提出了各种模型,例如马斯伦-威尔逊及其同事提出的"词群模型"(Marslen-Wilson,1987;Marslen-Wilson & Welsh,1978;Gaskell 等人,1995)、以及"TRACE 模型"(McClelland & Elman,1986)。在这些模型中,词汇项目被置于一个网络结构中,如果即将听到某个特定的单词,可能的候选单词会形成一个用于识别的词群:随着听到的单词部分越来越多,其与声学信号相符的项目会被更高度地激活,而那些不合适的候选项目则会失去激活并被排除。一旦只剩下一个候选项目,单词识别就可以完成。

高频词因更易激活,会比低频词更快被识别。沿着这些思路的单词识别模型似乎与范例式的表征完美契合:词项语音细节完整,系统不必处理不充分赋值的问题。其次,ET 还提供了网络结构,使激活能自然扩散至邻近词项。

在下一节中,我将更详细地阐释这个模型,并展示其如何用于分析。

2.2　英语强动词的过去式简化现象

在本节中,我将阐释范例理论在词汇表征方面的研究方法。这种方法涉及两个关键词:"词频"和"词库网络结构"。这两个特性都可以通过历史形态演变(如英语强动词的演变)得到充分说明。需注意的是,我们的目标并不在于对实例进行全面深入的分析,而是让读者了解范例理论的分析逻辑和路径。

在英语的历史发展过程中,许多曾经的"强动词"已转变为"弱动词"。具体表现为:它们逐渐在过去式和过去分词中采用了"规则的"-ed 词缀。

以"climb"（攀登）这个动词为例，在 16 世纪之前它的过去式还是"clomb"（可对比荷兰语"klom"，意为"攀登过的"），后来它就加入了英语中大多数具有规则屈折变化的动词行列，最终变为"climbed"。

如果单词之间的关系在语言行为中发挥作用，那么我们可以预期，那些看起来和听起来相似的动词，其用法也会相似。这一预期在很大程度上已经得到了证实，例如，请看例(16)中的这组动词，在非现在时态（同时给出了过去式和过去分词形式）中，它们既可以-t 结尾，也可以规则的-ed 结尾：

(16) 不定式   过去式   过去分词

spell — spelt/spelled — spelt/spelled
   | | |
smell — smelt/smelled — smelt/smelled
   | | |
dwell — dwelt/dwelled — dwelt/dwelled

从范例理论的角度来看，这里的词形变化就对应着范例集合。过去式和过去分词就出现了我们刚提到的这种演变趋势。这里的横线和竖线代表着网络关系：横线展示了每个动词（部分的）词形变化范例，竖线则代表着语音对应关系。当然，这里只描述了词库的一部分内容：在更为完善的词库中，还会存在许多其他单词。其中既有推动趋同变化的动词（如 yell），也有保持不变的动词（如 tell）。

对于这类动词，母语发音者会同时接触[t]和[d]结尾的变异形式。而相似发音动词群共现的变异模式，支持了"词汇并非孤立存在"的观点：具有网络关联的词语会呈现相同演变趋势。

相似的单词在演化中表现出了相同的趋势，就好像受到了"同伴压力"的驱使，这一点也体现在像"bid"（出价）、"hit"（击打）、"slit"（切开）、"quit"（离开）、"split"（分裂）这样的单音节动词上，它们的过去式和过去分词形式都完全相同。另一方面，那些没有不规则变化"同伴"的动词（比如

"climb"),要么已经变成了规则变化,要么不存在变化情况。"spoil"(损坏)这个动词就是如此,它的过去式在"spoilt"和"spoiled"之间变化:这个动词没有不规则变化的"同伴",但有很多规则变化的"同伴",如"boil"(煮沸)、"coil"(盘绕)、"foil"(挫败)等;"shine"(发光)这个动词也是一样(过去式为"shined"或"shone"),它只有规则变化的"同伴",如"dine"(用餐)、"fine"(罚款)、"pine"(渴望)等;还有"slay"(杀死,过去式为"slew"或"slayed"),可对比规则变化的"pray"(祈祷)、"stay"(停留)、"lay"(放置)等。

通过观察此类变异,我们还可以进一步探究"词的出现频率"与"规则化"之间的互动机制。在下列动词组中,部分动词(17a)已完成规则化,而另一些(17b)仍保持不规则形态:

(17) a.　speed—sped—sped(or speeded)　　加速

　　　　　cleave—cleft—cleft(or cleaved)　　劈开

　　　　　leap—leapt—leapt(or leaped)　　跳跃

　　　b.　feed—fed—fed(*? feeded)　　喂养

　　　　　feel—felt—felt(* feeled)　　感觉

　　　　　lead—led—led(* leaded)　　引导

　　　　　read—read—read(* readed)　　阅读

第一组动词和第二组动词之间的明显区别在于,前者使用频率相对较低,而后者使用频率非常高(这一点在 Francis,Kucera & Mackie,1982 的词频列表中,或者通过网络搜索结果都能得到证实)。在(18)中,我列出了这些动词在搜索引擎上的结果数量(2011 年 6 月,仅统计动词形式)。

(18)　he speeds　　398k　　　he feeds　　1.6m

　　　he cleaves　　35k　　　he feels　　47.4m

　　　he leaps　　742k　　　he leads　　4.7m

　　　　　　　　　　　　　he reads　　3.3m

显然，较高的使用频率会抑制趋同（简化）现象的发生。因此，使用频率对语言变化的结构过程有着直接的影响。

频率对语言过程（或者说对语言关系）产生的第二个直接影响，体现在同义阻断现象中（Haspelmath，2002：294 页及以后）。众所周知，如果目标词已经由一个单语素形式表达了，那么再通过添加规则词缀的方式来形成这个目标词，就不太容易了。例如，因为有了"thief"（小偷）这个词，假如我们再给"steal"（偷窃）这个词添加"-er"词缀，就容易受到阻碍，不太容易实现（英语中的确有"stealer"这个词，表示"偷窃的人"，但是对其意义的理解，很多时候需要放在具体的语境里，比如"car stealer"或者"heart stealer"，完全不像"thief"这样，不依照语境就可以表达"小偷"这个概念）；而也是因为已经有了"broom"（扫帚）这个词，"sweep"（打扫）这个词就不容易通过零派生的方式变为"* a sweep"，然而"a hammer"（锤子）、"a shovel"（铲子）却很常见。如果起阻碍作用的形式使用频率非常高，那么阻碍效果就会很强烈。如果起阻碍作用的形式使用频率不是很高，那么添加词缀后的形式可能会与之共存。

网络结构与频率间的具体互动机制尚待未来研究。例如：若更多动词产生简化效应，高频动词是否亦会受波及？动词群组的频率是否起作用？总之，单词之间的关系在语言使用中发挥着作用，这也为"词库结构反映词间关系"的观点提供了证据。从心理语言学的角度来看，这并不奇怪，但在传统的语言学理论中，这一点还没有得到普遍认可。

2.3　讨论与小结

在本章中，我阐述了范例理论应用于语言学时最重要的几个方面。该理论本身源于一种研究记忆的一般性心理学方法，其研究方法得到了广泛的支持。在这一理论中，词汇项目的存储，包括它们的习得过程、彼此之间的关系以及处理方式等，都占据着重要地位。

　　然而,和优选论(OT)一样,范例理论(ET)也并非一个完美的理论:它的优势同时也是它的劣势。范例理论主要关注的是词汇层面,尽管常用的短语和习语也会被存储,但正如心理语言学文献中普遍认同的那样,精确的短语和句子结构是否成为被研究的对象(可参考 Fernández & Cairns,2010:240),这意味着目前短语或句子层面的音系运作机制问题仍悬而未决(Boersma,2011)。换句话说,与优选论相比,范例理论的研究范围只局限于词汇层面。

　　其详细具体的集合状表征也存在一些潜在问题。当说话者从这样的"范例集合"中选出一个单词时,其产出过程尚不明确,会有太多可能的目标产出形式,而说话者应该如何选择某一个特定的形式呢?

　　在下一章中,我们将更详细地研究这些问题,并为解决这两个问题提供一种新的思路。

第 3 章 融 合 理 论

3.1 引 言

在前面的两章中,我分别讨论了优选论(Optimality Theory)和范例理论(Exemplar Theory)。这两种理论都取得了相当大的成功,但却分别被不同的"阵营"所运用,他们将各自的理论应用于大相径庭的研究领域:优选论常常聚焦于包含某种冲突的语言现象中,具体表现为:要么是音段结构和韵律之间相互对立的冲突,要么是音系学和形态学之间的冲突。这类"充满冲突"的情形正适合优选论来处理,因为它们通常可以利用制约条件层级排序进行分析。而范例理论则常常被应用于词汇层面,涉及诸如变化、变异和频率效应等的语言现象之中。

但是,谁说不同的语言模型之间就是互不相容的呢? 如果我们要全面理解语言的各个方面,就需要采用跨学科的研究方法(Jackendoff,2007)。语言变化、语言变异、社会语言学以及其他学科均从不同角度呈现出了同一个研究对象——语言——的多个侧面。因此,理论语言学家不应忽视心理语言学的研究成果,反之亦然。

在本章中,我将首先概述前几章所介绍的两种理论存在的各种问题(3.2节)。然后,我将阐述一种融合理论,该理论试图将优选论和范例理论的精华保留下来,作为一个融合模型的组成部分(3.3节)。我会对这个模型进行简要阐释。在第 4 至 8 章中,我们将更深入地探讨这个融合模型的优势和影响。

3.2 研 究 动 机

本节概述优选论和范例理论存在的一些问题。首先,我将简要讨论感知、变异和频率在优选论中的作用。其次,我将指出范例理论总体上缺乏生成机制,无法进行类型学预测。作为一种基于词汇的研究方法,它无法处理词与词之间的现象,比如跨词同化。

在第 1 章中,我展示了优选论如何通过制约条件层级对一组候选项进行评估,从中选出最优的候选项,从而将输出形式映射到输入形式上。从处理过程来看,这可以被视为一种非常直接明了的生成机制:通过一些明确界定的标准(制约条件)从一组预先设定的候选项中选择一个,将输出形式映射到输入形式上,被选中的形式就会被用于发音。然而,这个过程并没有回答"感知是如何实现的"这一问题。说话者是如何根据他们所接触到的输出形式来识别输入形式的呢?回想一下,在优选论中,输出形式并不存储在词库中,这个问题在过去的十年里,一直备受争议。在标准的优选论方法中,有人认为,同一套语法必须既能解释生成过程,又能解释感知过程,这样才能保证生成和感知之间不会产生差异(Smolensky & Legendre,2006)。然而,是否有可能感知和生成是由不同的(尽管是相关的)语法来调节的呢?博尔斯玛认为情况确实如此(Boersma,1998,2007,以及许多相关著作)。目前,这场争论尚未达成共识,我们在此也不打算解决这个问题。下面我们将提供一种替代方案,在这个方案中,"语法的感知"将以一种恰当的方式得到处理——因为输出形式被存储起来了,所以它们会更容易被识别。

优选论中存在争议的第二个领域涉及变异以及与之相关的频率效应。上文指出,优选论是一种明确的生成理论,因为它为任何给定的输入选择一个特定的输出。那么,该如何解释某个特定说话者(或一群说话者)的语言变异现象(无论是与风格相关、还是所谓的"自由变异"、或者是跨社会经济阶层、年龄群体、性别或地域的变异)。如果某个形式存在变异,那么语法是否会随着每一个特定的形式而变化，还是说这些变体是同一套语法的产物呢？这个话题在优选论的各种模型中也一直是争论的焦点（可参考 Anttila，1997；Hayes，2000；Boersma & Hayes，2001；Coetzee & Pater，2011；以及 McCarthy，2008b，和其中关于"和谐语法"方法的参考文献）。问题的根源在于，优选论和之前的生成语法一样，总是假定通常一个输出对应一个输入。这似乎需要对所谓的输入有着特别的理解，例如，将其看作是一组相关的形式，从中人们可以选择某一个形式（参考 Ettlinger，2007，2008）。我们将在下面看到，这个想法可以发展成为一种可行的替代方案。

与词汇变异相关的是频率效应。在标准的生成理论中，词的出现频率根本不受重视。但很明显，高频（HF）词汇项目在很多方面的表现与低频（LF）词汇项目是截然不同的，这种差异在语言的历时和共时用法中都有所体现。加尔（Gahl，2008）进行了一项非常细致的研究，发现高频词"time"（时间）的发音时长明显比低频词"thyme"（百里香）短。但在标准理论中，这两个词应该是同音词，因此不应该出现这样的时长差异。事实上，很多解释语言行为的语言模型似乎并未考虑此类问题（参考 Bybee，2006；Diessel，2007，对不同类型频率效应的综述，以及 Sloos，2009 谈及荷兰语词形音位学中的最新应用）。鉴于此，OT 将词库看作是一堆没有根据频率进行区分的固定输入概念，这似乎也很不妥，因为有大量证据支持相反的观点，即频率在母语者使用语言的方式中起着重要作用。

现在，我将讨论范例理论方法中存在的一些具体问题（其主要设计特点已在第 2 章中进行了概述）。这些问题包括：缺乏生成机制、无法进行任何类型学预测、无法对更高层面（如短语或句子层面）发生的过程进行建模。

首先，范例理论的学者们对于如何从词的"范例集合"中选择一个特定的范例实例用于生成语言，并没有达成明确的共识。一个想要说出"cat"（猫）的说话者，可以使用一系列的变体来产出这个词。然而，他在某个特定时刻将如何选择一个特定的实例来进行表达呢？范例理论对这个问题没有明确的答案（Pierrehumbert，2001；Pierrehumbert & Evanston，2002；Goldinger，1998），而优选论在这方面可以提供帮助。我们将在后面再回来讨论这个问题。

其次,范例理论缺乏优选论制约条件层级所带来的天然优势——类型学预测。我们在第 1 章(1.3.1 节)中已经看到,从设计角度来看,优选论的一个优势在于该理论以类型学因素的形式做出了明确的、可验证的类型学预测。当然,这些预测是否能被客观事实所证实还有待观察。但大家的共识是,很多预测与实证领域的契合度相当高。另一方面,范例理论对于什么是可能的语言,或者说什么是自然语言,并没有提出任何主张。这可能与范例理论不使用制约条件有关,因此它必然也缺乏类型学因素的支撑。

最后,范例理论首先是一种关于词汇(以及像习语、常用短语这样更大的语言单位)表征的理论,但同时又无法跨越词汇。博尔斯玛(Boersma,2011)指出,范例理论解释不了跨词现象,比如在荷兰语"een trei[m] pakken"(trein,赶火车)中,词尾的/n/会因双唇的发音位置而同化到词首的/p/上。尽管对于语义单位"trein"(火车),会存储以双唇音结尾的范例,但除非将所有的搭配都纳入词汇网络中,否则无法预测词尾的鼻音在什么时候会发成舌尖音之外的其他什么音。

在下一节中,我们将看到在优选论-范例理论融合模型中如何解决这些问题。

3.3　融 合 方 案

正如上一节所明确的那样,优选论的弱点(无法感知语法、变异、忽视频率效应)正是范例理论的优势,而范例理论的弱点(没有生成机制、类型学缺乏、词层以上问题)则是优选论的优势(另见 van de Weijer,2009,2010)。为了将这两种理论结合起来,使得所有的优势都得以保留,所有的弱点都消失,我们需要做出一个关键假设,即标准优选论中的"候选项集合"并非无限的、无结构的集合,而是由范例理论所提出的、在特定范例集合当中组织起来的所有实例构成。也就是说,音系词库并非一个没有冗余信息的列表，而是具有高度结构性，并包含了丰富的语音信息的集合。换句话说，不存在单独的输入层面：词库中的所有形式都是输出形式。这就产生了一种真正的非生成性、非派生性的理论，在这种理论中，"语法"有两个重要功能：当听到输出形式时，它对这些输出形式进行分类。存储的形式构成一个网络，其中捕捉到了各种各样的关系，这时，如果需要传达某种特定的意义，它会从这些输出形式中进行选择。也就是说，从中进行选择的集合就是存储的输出形式的集合。我认为优选论的制约条件起到了"选择器"的作用：对于任何给定的词的范例集合来说，范例在一些语音属性方面会有所不同，因此制约条件可以在它们之间进行选择。我将在下面对此进行说明。

此步骤的直接优势在于，使得音系学理论与获得大量实验证据支持的心理语言学理论实现基础对接，响应了杰克道夫（Jackendoff，2007）、戈尔丁格（Goldinger，2007）、霍金斯（Hawkins，2003）、麦克伦南等人（McLennan等人，2003）等对跨学科整合的呼吁，让理论语言学家与心理语言学家寻求到了一种共识。

以语言变异现象为例，词的形式是具有完整语音规定的输出范例集合，它们是多维网络的一部分。因此，词的变体形式也在这些范例集合中得到了体现。如果一个词被听到的次数越多，那么现有的表征就越会得到强化（这符合常见的心理学观点，即如果一个物体被看到的次数更多，它就会被记得更清楚）。

词（或范例）的频率是间接规定的：经常听到的词（或者在语言习得过程中更早接触到的词）比很少遇到的词更加牢固地"扎根"于记忆中（最近有研究表明，双语者对于他们两种语言中的词都是这样处理的，见库尔Kuhl，2010）。具有共同语音特征的词（例如，押韵的词，或者以相同声母开头的词）在词汇网络中相互关联，在形态和语义上相似的词也相互关联（这解释了心理语言学中的启动效应和言语错误现象）。

这个模型的运作方式将在下一节中得到更全面的阐释，其影响将在后续章节中进一步探讨。目前需注意，3.2节所述OT问题已迎刃而解：如果某个词的形式存在变异，那么在范例理论中，所有的变体项目都会被存储起来,大致按照遇到这些项目的频率比例进行存储;如果两种形式处于"自由变异"状态,例如,在某个特定的言语社区中出现的比例为 50%-50%,那么生成过程会自动反映出这种比例(在其他条件相同的情况下),这个话题将在第 8 章中进行更详细的探讨;如果词汇变体与某些风格、年龄或地域方面的因素相关,这些因素也会与变体本身一起被存储("标记")起来,供语法使用。因此,在范例理论中,对语言的理解确认了对变异的认同。经常听到的词汇项目在词库中会得到强化(因此也更容易被检索到,更易于提取,解释形式频率与识别速度的正相关),参见 Brown & Watson,1987;Griffin & Bock,1998。

需要指出的是,类型频率和实例频率在范例理论模型中都有所体现:实例频率直接反映了个体对某些词类的接触情况,而类型频率涉及整个词库的统计概括(例如,英语中以-n 结尾的过去分词的数量)。越来越多的证据表明,这两种类型的频率在语言中都发挥着作用(Bybee & Hopper,2001;Ellis,2002;Bybee,2003)。

在一组实例中,如果每个实例都只出现一次,那么如何判断某个实例比其他实例更常见? 换句话说,频率该如何定义? 这是马约琳·斯洛奥斯(Sloos,2009)提出的问题。我认为,在融合模型中,高频率既与范例集合的规模相关(接触到更多的形式会导致范例集合更大),也与范例集合的密度相关(接触到许多只有微小差异的实例会导致范例集合的实例数量更密集)。

范例理论的表征相比传统的词汇表征有许多优点。可能会有人提出这样的问题:如果词库是一个如此强大的存储工具,那么语法是否仍然有作用呢? 具体来说,优选论风格的语法是否仍然有功能呢? 有两个理由支持将优选论保留为整体语法理论的一部分:首先,它为词汇网络的音系特征提供了一个有用的框架,这就让范例与范例集合间的关系可用公认音系术语刻画。例如,"camera"(相机)这个词的两个实例可能是['kæmərə]和['kæmrə]。在这两个实例中,前者代表"未发生发音省略",而后者则代表"发生了发音省略"。说话者/听话者可以确定不同实例之间的关系类型,这有助于他们判断这些实例是否属于同一个表达,这实际上就是一种制约条件判断的过程。在融合模型中，制约条件是后天学习的（或者至少是可以学习的），而不是天生就有的。这个话题将在第 4 章中进行更详细的探讨。其次，OT 的存在让词汇储存策略有了音系制约。实例的存储方式（即哪些实例有可能成为给定词的范例集合的一部分，以及存储实例时所包含的语音细节的程度）是由实例之间可能存在的音系关系所决定的；也就是说，只有说话者能够感知到的差异才会被存储起来并用于计算。这在不同的语言中是不同的：在一种语言中，齿龈塞音和齿音塞音之间的差异可能是音位性的，因此会被感知到并存储下来，而在另一种语言中，同样的差异可能只是音位变体的差异。我们可以把这种差异纳入到存储策略中，也就是纳入到分类过程中。

此模型中的词库形态又会是如何呢？下面例（19）中展示了荷兰语词库部分形式的简化网络表征。这里使用的是语音形式，每个形式都代表着一个实例集合，这个实例集合本身可能具有内部结构。这里只标出了这些词之间的一些关系（当然还有其他关系）。

（19）［hɔnt］ — ［hɔndə］   狗-狗（复数）
      | |
     ［wɔnt］ — ［wɔndə］   伤口-伤口（复数）
      | |
     ［wɑnt］ — ［wɑntə］   连指手套-连指手套（复数）
      | |
     ［lɔnt］ — ［lɔntə］   保险丝-保险丝（复数）

在这个案例中，单数形式之间存在着一种音系学（以及形态语义学）上的关系：所有单数形式都以清塞音结尾。该语言的学习者和使用者都知道这一普遍规律，它在表面上是成立的，或者说在表面上是近乎成立的（Ernestus & Baayen，2006，观察到这里的中和现象可能不完全；而 van Oostendorp，2007，指出在某些荷兰方言中存在一些例外情况）。部分单数形式对应复数清塞音（无交替），另一些对应复数浊塞音（有交替），此两类通过音系行为明确区分。语言学习者需确定新词归属类别：经若干错误（错误类推所致）后通常能正确归类（参见 Ernestus，2006 的详细统计分析）。学习这种交替现象相当于将单词正确地纳入到词汇网络中。在这种方法中，无需设置任何类型的"底层表征"或"规则"：因为内化过程是基于表层数据的概括。同理，英语无送气规则：词首/p t k/（重音节）因听感存储为送气塞音，这也是形成表层概括的例子。请注意，在例(19)中，我们也可以发现词的形态结构变化：所有复数形式都以弱央元音结尾，这是一种一致的表层关系，它使说话者可以推断词形结构。关于这一点对形态学理论的进一步影响，请参见第 7 章。

这种词库观能帮助我们更好地理解如何维护语言的"创造性"这一特征属性。在这种方法中，（成比例的）类推概念起着至关重要的作用（关于类推的一般性讨论，可参见 Itkonen，2005；关于与词素结构相关的讨论，可参考 Krott 等人，2001 等）。事实上，类推是解释新形式构成、外来词处理等问题所需的唯一机制（Ernestus & Baayen，2004）。假设有一个说荷兰语的人被要求说出"prant"这个词的复数形式（这个词实际上并不存在）。这个说话者会试图将这个形式纳入现有的词汇关系框架中，并将已有的关系扩展到这个新形式上，如例(20)所示：

```
(20) ....            ....
       |               |
     [wɑnt]  —  [wɑntə]       连指手套-连指手套（复数）
       |               |
     [krɑnt]  —  [krɑntə]      报纸-报纸（复数）
       ⋮               ⋮
     [prɑnt]  ⋯  [prɑntə]
```

有些说话者可能会建立与例(20)不同的词库内联想（因为他们的词库可能由于不同的语言接触经历，而以不同的方式形成），例如将"prant"与

"wand［want］- wanden（'墙'-'墙壁'）"联系起来，从而生成一个以浊塞音结尾的复数形式。事实上，个体词库内的词项频率在此起关键作用。总之，这些案例表明，成比例类推是一种可以用来创造新形式的机制。

请注意，跨词库概括（如"尾音清化"）与 OT 语法中的制约条件（如* VoiObs，"禁止词末浊阻塞音"）高度契合。而且，正如上文所说，词项实例间的差异就类似于常规 OT 中候选项之间的差异（参见 1.2 节）。因此，如同 OT，此类概括可用于评估过程以选择产出形式。显然，此时我们只需要一个语法的表层形式被存储起来，说话者使用这些存储的形式来生成语言即可。问题在于，如果范例集合对于某一个词形包含了许多变体形式，那么最终哪一个变体会"胜出"或者"被选中"呢？让我们从风格变异的角度来探讨这个问题。

以"incomplete"（不完整的）这个词为例。在经典的生成形态音系学中，这个词由两个结构组成：否定前缀"in-"和形容词"complete"（完整的）。在基于词汇的范例理论模型中，"incomplete"会有一个词的范例集合，其中包含许多不同的发音。这些不同的实现形式会围绕三种主要与风格相关的类别聚集起来，即普通体类别、正式体类别、快语体类别（参考 Cohn，1993；Huffman & Krakow，1993；Shockey，2003 等，以了解这类过程的描述和分析）。

(21) a. ［ɪŋk...］　　同化的后鼻音，普通体
　　 b. ［ɪnk...］　　未同化的鼻音，正式体
　　 c. ［ĩk...］　　　鼻音脱落且元音鼻化，快语体

如何在特定文体中选择正确目标形式？在此，我们可以考虑将网络关系表征为 OT 对应关系。这样一来，这三种变体都可以通过 OT 常见的制约条件及其层级来进行选择：首先，未同化的变体违反了标记性制约条件'AGREEPLACE'，该制约条件禁止出现'未同化的鼻音后面跟着一个塞音的音丛'（参考 Pulleyblank，1997）。如果这个制约条件的层级较高，那

么(21a)中的形式就会被选中。其次,正式风格的候选项(21b)受到制约条件'IDENT-PFX'的青睐,该制约条件支持所有带前缀"in-"的词呈现为统一的实现形式,这是一个作用于词库中所有带该前缀项目的制约条件(非输入-输出忠实性制约条件,另见下文)。最后,鼻音脱落加元音鼻化的变体(21c)违反了制约条件'*VNASAL',该制约条件禁止出现鼻化元音(见上文,以及 Kager,1999:28)。该候选项受到一个"倾向于简单开音节"的制约条件的影响(例如 NOCODA,Kager,1999:110)。与这三种可能性相对应的制约条件层级分别如(22a—c)所示。

(22) a. 普通体:同化

	AGREEPLACE	* VNASAL	NOCODA
☞ [ɪŋk...]			*
[ɪŋk...]	* !		*
[ĩk...]		* !	

b. 正式体:未同化

	IDENT-PFX	* VNASAL	AGREEPLACE
[ɪŋk...]	* !		
☞ [ɪŋk...]			*
[ĩk...]	* !	* !	

c.快语体:元音鼻化

	AGREEPLACE	NOCODA	* VNASAL
[ɪŋk...]		* !	
[ɪnk...]	* !	* !	
☞ [ĩk...]			*

在这些评估表中，均未涉及输入形式。尽管范例集合由不同的语音形式构成，但其本质上是一种基于意义角度进行归类的单元，因此，这里的评估表与所谓的"输入形式"无关。关于这一点可参见普林斯与斯莫伦斯基（Prince & Smolensky，2006：138）的观点："在语言生成的过程里，输入内容为一种释义，而彼此竞争的则是针对这一给定释义的不同发音形式"。

这里的风格正式程度是一个连续体。在范例模型中，无需将此连续体划分为带任意标签的片段。范例集合里的所有实例都可以按照说话者的语言系统所要求或允许的那样，详细（或简略）地进行标注。这种标注可涉及风格差异、情境差异以及与语境的适配程度等。

让我们探讨这里的单个实例如何被选择用于口语产出的情况。首先，必须再次强调，在此模型中，特定词汇或意义概念没有单一的底层形式。相反，特定概念通过范例集合来捕捉——范例集合包含所听到的实例，其边界可能是模糊的。要产出一个形式，需从这样的集合中选择实例，而不像标准生成音系学理论所主张的（包含 OT）那样去生成。实例选择机制至少有两种可能的方式：其一，就是制约层级筛选。就像在 OT 中那样，通过制约条件层级选择适合特定言语情境的实例。不过，与最初的 OT 理论有两点不同：这些制约条件并非与生俱来，而是在母语习得过程中基于（统计）学习获得的（下章详述）；并且，制约条件具有随机性，如和谐语法（Harmonic Grammar）及其近期衍生理论所示。其二，是标签网络的直接调用。如果某个实例是在特定语境中听到的，那么它很可能会在相同类型的语境中再次被使用，这是说话者语言知识的一部分。语境不会完全复现，产出形式也不会与记忆实例完全相同：有细微变化是必然的，这些变化最终会在适合的社会语言学条件下引发语言演变。

或许这两种方式会同时起作用，既通过满足制约条件来进行选择，又从特定的实例中挑选出一个作为给定情境下符合规范的实例。无论如何，这样的方法对形式化工具（生成器（GEN）和评估器（EVAL））的依赖会大大减少。

3.4 小　　结

在本章中,我指出了优选论和范例理论各自存在的一些问题。我提议将这两种语言模型统一起来,希望能兼取二者之长,并解决这两种模型中明显存在的问题,即优选论中对普遍性不合理的诉求,以及范例理论中生成机制和词间音系学解读的缺失。

看待这样一种折中的方案,还有另一种方式,即从范例理论中"推导出"优选论的某些属性(反之亦然)。希望这样的研究方法最终能汇聚成一个模型,这个模型具有可学性,在心理语言学上合理可信,并且对语言类型学研究有所帮助。

在本书的后半部分,我们将更详细地研究融合模型带来的影响,旨在充实这一理论,揭示其理想的结果,并确定一些有待进一步研究的领域。在下一章中,我将重点关注制约条件本身的起源。众所周知,在"标准"的优选论中,制约条件被假定为是与生俱来的(是普遍语法的一部分)。而我将提出一种不同思路,我认为制约条件是在语言习得过程中学习而来的。第 5 章和第 6 章将探讨综合模型中表征的本质,分别聚焦于抽象性和不充分赋值。诚然,我们所提出的融合模型相当注重表层,因此,从根本上避免了抽象性方面的问题。最后,在第 8 章中,我将关注音系学和形态学之间的相互作用,并分析在融合模型中词形态的地位如何,以及词的形态结构是如何习得的。

第 4 章　制约条件的起源

4.1　引　　言

在优选论中,传统观点认为制约条件是普遍语法的一部分(Prince &
Smolensky,1993[2004]),也就是说,它们是我们天生就有的能力,因此无
需刻意学习。在这里,我引用格纳纳迪西坎(Gnanadesikan,2004：73)的
名言:"如果音系制约条件是普遍存在的,那它们就应该是与生俱来的"。
语言学习者在习得过程中所需要做的,就是根据现有的数据对这些普遍的
制约条件进行排序(参考 Tesar & Smolensky,2000,对这种方法的阐释)。
然而,虽说制约条件是与生俱来的,本质上只是一种规定,这并不能促使人
们去研究为什么制约条件会是如今的样子。在其他一些关于音系习得的
研究方法中,制约条件被认为是基于母语习得数据而被发现的(参考
Boersma,1998；Hayes,1999,的讨论以及具体的学习算法)。另有一类
解释,还试图从语音特性推导出制约条件(即"根基性",Archangeli &
Pulleyblank,1994；Hayes,1999)。

在本章中,我将探讨综合模型中制约条件的地位问题。我将论证制约
条件是在语言习得过程中逐渐形成的：随着学习者习得的词汇越来越多,
同时又接触到这些词汇中越来越多的变体,他们就会对这些词汇进行分
类,并设定它们之间的关系。这些关系呈现出优选论风格的制约条件形
式,既包括标记性制约条件,也包括忠实性制约条件。忠实性制约条件(或
更准确地说,对应性制约条件),存在于词汇之间,可能也存在于同一个词

汇的不同实例之间。

接下来，4.2 节将回顾"标准"OT 的制约条件理论（即先天论），4.3 节将阐述融合模型中制约条件的产生机制。

4.2 天赋性与习得性

普林斯和斯莫伦斯基（Prince & Smolensky，1993[2004]：2)坚定地认为，制约条件是人类与生俱来语言能力的一部分，他们说："我们将要探究的基本观点是，普遍语法（UG）主要由一组表征合格性制约条件构成，而各个具体的语法就是由这些制约条件构建而成的。"他们指出，其他研究者（如 Stampe，1979)亦认为存在丰富的普遍自然习得过程库，其中一些在习得过程中逐渐被摒弃。除了制约条件集之外，OT 假定生成器（GEN）与评估器（EVAL）为先天机制（参见第 1 章）。在此框架下，不同语言之间唯一的区别就在于制约条件的排序。

乍一看，似乎有很多证据支持制约条件是与生俱来的。我们可以想象这样一个事实：全球的儿童在母语习得过程中都会犯相同类型的"错误"，例如，他们一直都更偏好单辅音音节首，而不是复辅音音节首（即使用辅音群作为音节首，Johnson & Reimers，2010)。在 OT 中，复辅音音节首的消解归因于"*COMPLEX"制约条件（Prince & Smolensky，1993[2004]：108)。英语（成人）在语言表层大量违反此条件，但儿童在早期产出过程中却严格遵守它。由此推论，儿童此时制约层级中"*COMPLEX"排序高位。此条件无法从成人数据中习得，所以它一定是与生俱来的（因此也是普遍存在的）。我们将在下一节（4.3 节）中解开这个谜团。

普林斯和斯莫伦斯基实际上并没有考虑过"制约条件是否一定是与生俱来"这一问题，他们也没有真正探究过制约条件在多大程度上与语音的自然性相关这一问题。但此问题在与 OT 并无交集的根基音系学（阿尔昌热利和普勒布兰克，Archangeli & Pulleyblank，1994)中得到了最全面的诠释。研究者们观察到，特征值之间存在一些无标记（"自然"）的关系。例如，表示舌位高度的特征[high]和决定舌根位置的特征[ATR]之间存在自然的关联：高元音往往是[＋ATR]的（表示舌根前伸），因为抬高舌头的同时向后拉动舌根（[RTR]）是不自然的。由此，阿尔昌热利和普勒布兰克（1994：176）推导出了一些制约条件，或称"路径条件"。

(23) 基础路径条件：舌位前伸/元音高度 和 舌位后缩/元音高度

　　a. ATR/HI 条件

　　　若[＋ATR]则[＋high]　　　若[＋ATR]则非[－high]

　　b. ATR/LO 条件

　　　若[＋ATR]则[－low]　　　若[＋ATR]则非[＋low]

　　c. RTR/HI 条件

　　　若[－ATR]则[－high]　　　若[－ATR]则非[＋high]

　　d. RTR/LO 条件

　　　若[－ATR]则[＋low]　　　若[－ATR]则非[－low]

　＊'ATR'：舌位前伸，'HI'和'high'：高舌位，'＋'：肯定

　　'RTR'：舌位后缩，'LO'和'low'：低舌位，'－'：否定

像(23a)这样的路径条件（尤其是否定式）可以直接转化为一个 OT 类型的制约条件，比如＊[＋ATR，－high]（当然，阿尔昌热利和普勒布兰克所提出的理论与优选论之间存在许多差异，如语法运作机制、不充分赋值等，此处暂不讨论）。特征之间还有许多其他的相互作用也可以用类似的条件来捕捉，比如元音的舌位后缩程度与圆唇度之间的关系（前元音往往是非圆唇的，后元音往往是圆唇的）、响音性与浊音性之间的关系（响音倾向浊化，而塞音并不是默认浊化）等等。所有这些都对应着制约条件，因此从语音学的角度来看，这些制约条件是很有依据的。这些倾向可以与"语音标记性"或"发音的难易程度"这样的概念联系起来。换句话说，与浊响音相比，清响音在语音上是有标记的（此处"语音标记性"可指"需更多发音

能量"等可测量维度,或"听感更易混淆"等声学定义)。任何特征值组合均可评估其标记性关系(若无标记性关系,表明特征间是一种惰性互动,则无制约条件生成)。比如,在这样的两两比较中,OT 标记性制约条件将排除标记项(如 *[+son, −voice])。

人们假设所有 OT 的标记性制约条件都是这样推导出来的(即基于语音自然性)。反之,与发音便捷性无关的制约条件不属于普遍制约条件集合。在这样的框架下,制约条件无需被设定(即无需假定它们是普遍存在的),因为它们都源自一般的语音原则。

那么忠实性制约条件呢? 忠实性制约条件是一类与标记性制约条件相平衡的制约条件。它们可基于词汇识别的心理语言学基础进行推导,而不是语音学。我们思考一下:对于听者来说,理想的语音形式听起来会是什么样的? 对于听者而言,最理想的输出,是与输入形式完全相同的形式([ ]=//),这样输出形式可以立即映射到听者自己的词汇表征上(参考 van de Weijer,2009)。而相对于输入来说,输出形式的任何偏离(如删除、插入、特征替换、线性顺序变更或换位、重音转移等)均不受欢迎,由此衍生出对应性制约条件。当然,由于与标记性制约条件(基于说话者视角——语音理据)互动,输出形式永远不会是完美的,只是最优的,因此输出形式呈现出了说者和听者之间的一种完美"折衷"(可参 Passy,1891;Boersma,1998:2;van de Weijer,2007,2009)。

核心问题在于:是否所有标记性与忠实性制约条件均可如此推导? 其次,语音理据路径能否生成合理的制约集? 如果说话者可以比较任意两种发音,并判断出哪一种发音成本更高,进而设定一个制约条件,那么制约条件的集合将会是无限的,因为任何维度上的任意两个值都可以进行比较(例如,元音共振峰 F1=500 与 F1=475 对比,等等)。这表明,纯语音路径不可行。

在下一节中,我们将考虑另一种学习制约条件的方式,该方式并不认同制约条件是与生俱来的观点。

4.3 习得制约条件：构建词库

在众多语言中，儿童都会通过简化来消解词首的复杂辅音群（Johnson & Reimers，2010）。参考史密斯（Smith，1973）记录的阿马尔语料（Amahl），如（24）所示：

(24) *play* 玩　　［b̥eɪ］　　*sky* 天空　　［g̊aɪ］

　　 blue 蓝色　　［b̥u］　　*sport* 运动　　［b̥ɔt］

　　 clean 干净　　［g̊in］　　*spoon* 勺子　　［b̥un］

这样的模式在英语和其他语言中被反复验证（Johnson & Reimers，2010）。如前所述，标准优选论将这种效应归因于语法因素：一个（先天的）制约条件'＊COMPLEX'作为标记性制约条件，在语法的"初始状态"中处于高层级，迫使儿童生成满足该制约条件的输出（例如通过声母简化）。随着儿童逐渐了解到'＊COMPLEX'可以被违背，在成人语法的稳定状态中，标记性制约条件会被忠实性制约条件所支配，后者将确保词首辅音群、词尾韵尾等正确呈现。忠实性制约条件会对省略、插入等操作进行惩罚，从而使词首辅音群按照成人的输出形式得以实现。关于制约条件（重新）排序过程的详细阐述，可参考泰萨和斯莫伦斯基（Tesar & Smolensky，2000）、约翰逊和赖默斯（Johnson & Reimers，2010）以及其中引用的参考文献。

然而，这种解释存在若干问题：首先，它通常在未加讨论的情况下假设儿童从出生（或至少从开始产出语言时）就具备类似成人的输入。这一假设值得怀疑，因为支持它的证据十分薄弱。格纳纳迪西坎（Gnanadesikan，2004）提供的数据表明，成人输入中的音段即使未被完全实现，也可能影响儿童的输出。似乎成人形式为儿童提供了一种感知目标,而他们可能正确或错误地形成了该目标的心理图像。事实上,更为合理的假设是:儿童通过试错来构建自己的词库,当然,这一点需要进一步研究。其次,优选论在没有论证的情况下假设儿童在生理上没有能力产出辅音群的阶段,就能发出这些音,那么按照这种解释,必然是语法禁止他们发出这些音。这种解释没有考虑发音器官控制能力的成熟过程,因此这种假设并没有考虑到儿童成长发育的实际情况。说话是一项复杂的任务,从生理上看,发出辅音群比发出单个辅音更困难。正如任何其他复杂任务一样,这种在人类早期出现的困难是可以预见的。语法发展与生理、心理因素成熟之间的相互作用同样需要更多的研究。

不过,这并非我想强调的重点。儿童语言中音节首辅音群的简化显然是一种持续且规律的输出效应,必须以某种方式对此做出解释。如果生成过程(部分)受到语法机制的引导,那么我们应构建相应的语法体系。事实上,无需诉诸普遍性或先天性,也有可能推导出类似'*COMPLEX'的制约条件。这些制约条件与儿童所接触数据的显著统计趋势有关。以英语词首辅音群为例:

(25) -在英语中最常用的 100 个单词里,只有一个单词有词首辅音群。

[来源:牛津英语语料库]

-在英语中最常用的 500 个单词里,仅有三十多个有词首辅音群(占比 6—7%)。　　[来源:维基百科词频列表]

-在儿童的话语中,*COMPLEX 违反情况更为罕见。

(van de Weijer,1998)

词首辅音群在英语中其实并不多。儿童几乎很少接触到它们。在荷兰语儿童的指向言语中(van de Weijer,1998),以复杂辅音群开头的单词在整个语料库中的出现比例为 4%,即大约每 25 个单词中出现一次。而在最常用的 100 个单词中,这一比例仅为 1%。

儿童最初假设英语单词遵循"＊COMPLEX"制约条件是毫不奇怪的。这是他们在构建词库过程中最可能形成的早期概括。我们可以从其他领域找到类似的例子：如果一个人看到 99 只白天鹅和 1 只黑天鹅，其初始假设会是所有天鹅都是白色的，而黑天鹅是例外。同理，儿童会假设英语中所有单词都有简单声母。只有在积累了足够多关于"黑天鹅"（或词首辅音群）的经验后，初始假设才会被修正。从结构上看，儿童会基于早期经验设定"＊COMPLEX"制约条件。回顾（24）中的例子，儿童数据中保留了韵尾：这并不奇怪，因为英语中高频词倾向于带有韵尾，根据各地区的不同，这一比例估计在 60% 到 70% 之间。

类似的论证也适用于其他制约条件；例如，博尔-阿维提斯扬和卡格（Boll-Avetisyan and Kager，2004）发现，像'OCP-Place'（避免单词中两个辅音具有相同发音部位）这样的制约条件在荷兰语中，也是随着儿童的成长逐渐建立起来的。尽管存在绝对例外（如 bom"炸弹"），但绝大多数词符合该制约——说话者利用此信息进行词的切分（Boll-Avetisyan & Kager，2004）。

因此，儿童可以基于输入材料中的不平衡性，学习标记性制约条件。当然，这里需要更多研究，需要验证更多标记性制约条件（如 NOCODA 和＊NASAL-V）是否存在。此外，还需证明，在儿童音系结构里出现词首辅音群消解现象的所有语言，其输入材料中都存在辅音群出现频率失衡的现象。这是一项正在进行的研究。

忠实性制约条件也能自然产生吗？我认为，忠实性制约条件会以表达范例集合中实例间关系的方式自然出现。例如，已发生同化（或其他音系/语音规则）的形式与未发生同化的形式之间的关系。这既适用于同一范例集合中的实例（回想"camera"的例子，可能有［ˈkæmərə］和［ˈkæmrə］等形式），也适用于不同范例集合之间的实例（如上文（19）中的"wonden"和"honden"）。因此，制约条件与"范畴化"密切相关，它可以区分哪些形式相关但本质不同，以及各种形式的具体差异何在。语言使用者要能够将"cat"和"mat"归为不同范例集合，但同时也能识别它们具有相同的韵部。

这类关系在优选论的一个发展方向（输出-输出对应关系）中已有探讨（Benua，2000），该理论将其限制在形态相关形式中（另见 Burzio，1998，2000）。

我们的融合模型主张将所有对应关系视为输出关系。由于词库中所有形式都是存储的输出形式，它们之间的任何关系都是输出关系：如果我们将这些关系等同于优选论制约条件，那么这些制约条件必然是基于输出的：因词库中所有形式均为存储的输出形式，其关系必然基于输出表征。

综上所述，儿童有充分的机会发现制约条件——除了"某些对象可以组合，某些对象彼此不同"这一规律外，无需对儿童预设任何先天性。这与当前迅速发展的语言"涌现主义"观点（如 Bates & Goodman，1999）高度契合。

4.4　小　　结

在本章中，我们探讨了制约条件的起源。在普遍语法里，究竟是什么具有普遍性呢？这种普遍性是源于遗传特性，还是因为语言是在相似的环境下使用呢？在优选论中，整个制约条件集都被假定为具有普遍性，因此是与生俱来的。实际上，这给语言机制带来了比像乔姆斯基和哈利（Chomsky & Halle，1968）所提理论更为沉重的负担。在后者的理论中，音系学里只有区别特征集合、一些结构概念、以及规则形式体系是由普遍语法（UG）赋予的。正如我们在 1.2 节中所看到的那样，基于标记性的考量本质上是语法外因素。而在优选论中，推导机制（Gen）、特征以及制约条件都必须是普遍语法的一部分。

本章提出的融合模型以范例存储取代派生机制。按照这种观点，制约条件并非天生就有，而是在儿童通过早期接触输入数据和词库组织逐渐形成的。

第5章 交替条件

5.1 引 言

在第 1 章中我们指出,传统生成音系学和优选论均属于推导性理论,因为它们都假设存在底层(输入)和表层(输出)两个层面。任何区分不同层面的理论都必须精确界定这两个层面的性质。表层在某种程度上(通常是非常接近)对应于语音现实,但底层内容并无界定。学界的共识是:底层表征的内容必须是语言的、可习得的,即它必须由语言单位(如区别特征、音段或其他可能的韵律单位)构成,且语言学习者必须能够基于真实的语言数据来建立此类表征的内容。

过去五十年来,音系理论中关于底层表征最重要的条件之一是交替条件(Alternation Condition,简称 AC),其通过限制表征抽象度来约束底层形式。交替条件是一个坚实的原则,得到大量实践证据的支持,但其确切表述和地位一直存在争议。本章提出从融合模型中推导该条件的方法,更准确地说,是推导该条件的实现目标。下一节将简要讨论交替条件的历史和功能,然后在 5.3 节展示如何推导该条件实现的效应,5.4 节为结论。

5.2 交 替 条 件

交替条件 AC 严格限制底层音系表征的抽象程度。其最初表述

(Kiparsky，1968）如（26）所示（类似提议见自然生成音系学，如Vennemann，1974）：

(26）强制性中和规则不能作用于一个语素的所有出现形式。

[from Kiparsky（1982：148）]

AC 的效应有很多体现。例如，禁止在"nightingale"（夜莺）这一词中假设底层出现清软腭擦音/x/，或在"ivory"（象牙）等词中假设出现非音节性的末尾/j/。"nightingale"中的/x/从未出现在表层，它在该语素的所有实例中被删除，导致前一元音延长（Chomsky & Halle，1968：234）；而"ivory"中的末尾滑音总是变为元音（同上，第 181 页）。这类"抽象"底层表征的提出是为了解释各种现象（例如，这些形式都不经历三音节松化规则），从而使该规则的形式化具有最大概括性（同上，第 180 页）。此类抽象分析主要受到可习得性方面的质疑：由于抽象音段从未被听到，缺乏正面证据，语言学习者没有理由采用它。交替条件禁止这种解决方案，因为它禁止在"nightingale"中假设底层/x/，以及在"ivory"中假设末尾/j/。因此，该条件对底层表征的抽象性施加了实质性限制。

基帕尔斯基（Kiparsky，1982）等人指出，尽管交替条件的指导思想是合理的，值得保留，但其确切表述和适用范围存在若干问题。它无法作为形式化语法条件来解读，且在某些分析中的限制过弱或过强（Kiparsky，1982：148 页及以后），具体还要取决于特定分析的语境。交替条件的具体表述非本章焦点（更多相关信息，可参考《修订交替条件》Kiparsky，1973，或 Iverson，1987），我们只需要知道：交替条件是一个规定性原则，它并非源自其他语法原则或结构；在基于规则的生成分析中，类似交替条件的原则可能属于/不属于语法的范畴；人们普遍认为的确有必要限制表征的抽象性，但形式体系中没有任何内容表明相关条件应为何物。

基帕尔斯基（Kiparsky，1993）提出了交替条件的修订版，并认为它并不具有"规定性"的属性，而是可以从三个更基本的假设中推导出来。此处我们简要讨论一下这些假设：第一个假设是词汇表征可能是不充分赋值的（顺便指出，优选论通常不做此假设，参见 McCarthy，2008a：94 关于"基础丰富性"的讨论；另见第 6 章）；第二个假设是音系规则仅以结构构建的方式出现和应用（例如填充特征值）。在优选论以及本文的融合理论这样的无规则模型中，该假设不适用；第三个假设是学习者以最简方式构建语法，此假设基于通用学习理论，实为理解 AC 地位的关键。

我们接受"音系表征不能过度抽象"这一交替条件的核心思想。当然，随着优选论的出现（Prince & Smolensky，1993[2004]），音系理论变得更加面向表层，其中制约条件是表层导向的（但可违反）。那么在优选论中，非抽象性的思想如何体现？在"nightingale"案例中，优选论中似乎没有交替条件的位置，因为它对输入没有限制，所有制约条件都是对输出的制约。这体现为所谓的"基础丰富性"（ROTB，Prince & Smolensky，1993[2004]：225；另见 McCarthy，2008a：88-95），即语言可以选择的底层形式种类没有限制，不同语言在可能的输入种类上也没有差异。需注意，"基础丰富性"适用于标准生成语法：分析者可以自由设想任何底层形式，但只有其中一部分输入会成为特定语言的实际底层形式。因此，基础丰富性意味着"nightingale"中的底层/x/是合规的（可能）输入，此时，语法会生成相应的输出，具体方法可以是类似于"假设英语中存在一个禁止[x]的高层级制约条件"，但这将导致例（26）所禁止的结果：中和该音的所有实例，不仅在此语素中，而是在所有词项中和该音段。

相比之下，OT 存在限制底层形式抽象度的机制——"词库优化"（Lexicon Optimization，简称 LO），完整表述见（27）：

（27）假设若干不同的输入 I_1，I_2，I_3……I_n 在经过语法 G 分析后，产生相应的输出 O_1，O_2，…，O_n，且所有这些输出都实现为相同的语音形式 Φ。就语法 G 而言，这些输入在语音上是等效的。那么，这些输出中必然有一个是最和谐的，因为它产生的显著违反标记最少：假设这个最优输出被标记为 O_k。那么学习者应该选

择输入 I_k 作为 Φ 的底层形式。

(Prince and Smolensky，1993［2004］：225 - 226；

McCarthy，2002b：78 - 80，2008a：136)

为了说明这一原则，以英语中的送气现象为例。底层形式/p/和/pʰ/在"pin"中都会导致送气的［pʰ］。相关的标记性制约条件（此处简称为'FORTIS'）要求音节首清塞音是"强式"（此处指送气），而忠实性制约条件则惩罚送气特征（［spread glottis］，简写［sg］）的任何变化：

(28) a. *底层形式为*/pin/

/pin/	FORTIS	IDENT-SG
［pin］	*！	
☞ ［pʰin］		*

b. *底层形式为*/pʰin/

/pʰin/	FORTIS	IDENT-SG
［pin］	*！	
☞ ［pʰin］		

此处输入形式/pin/与/pʰin/（I_1、I_2）产生相同语音形式 Φ［pʰin］的输出（O_1、O_2）。在表格（b）中，后者的输入完全不违反任何制约条件。此时，学习者会将表层形式作为底层形式（没有相反的证据）。

采用词库优化原则（LO）限制了底层表征的抽象性：若无交替现象，学习者无理由假设表层形式之外的输入形式。具体而言，由于［x］从未出现在"nightingale"的任何词形中，语言学习者永远不会在该形式的底层表征中采用它。这意味着，在融合框架中，像交替条件这样的形式条件并非必要：其效应可以直接从说话者习得和存储语言形式的方式中推导出来

（正如 Kiparsky，1993 所推测）。

从经济性原则看，该结论看上去让人觉得有点意外：传统生成音系学通常假设底层表征仅包含特殊的、不可预测的信息，而所有可通过规则推导的内容都由规则处理。有些规则的确反映了语言的历史（如《英语语音模式》中的重音和音段规则），但却缺乏理据；而另一些规则却获得了心理语言学支持（例如儿童将其扩展到新词语，成人将其应用于非本族语形式等，例如，Berko（1958）的"wug 测试"）。然而需要注意，"底层表征无冗余"假设本身并非必要，且大量心理语言学证据表明词汇表征包含大量"额外"信息（如音节结构、重音模式等），"舌尖现象"（Brown & McNeill，1966；Rubin，1975）即为明证。从语音学角度看，语音信号也包含大量冗余信息以确保成功交际（Stevens & Keyser，1989）。

由此可见，音系学日趋表层导向，甚至音系与语音的界限日益模糊：这是当前备受争议的话题。下一节将展示第 3 章提出的融合语法理论如何直接推导交替条件。

5.3　交替条件的推导

在标准生成音系学和优选论中，表层形式是可预测的，并由底层形式推导而来——生成音系学通过规则推导，而优选论通过制约条件交互作用进行推导。因此，二者均属于"生成性"理论，即它们将一个层面与另一个层面关联起来——遵循双层性原则（Hockett，1960）。

能否另辟蹊径？有研究表明，单纯的表层形式会在词汇发音中发挥作用——这不仅体现于其自身的形式（参考 Gahl，2008 的研究，其指出底层相同的形式如"time"和"thyme"，实际上在表层存在系统性差异），也体现在聚合形式中（参考 Benua，1997；Burzio，2000；Downing, Hall & Raffelsiefen，2005，等多篇论文）。从优选论角度看，输出间的关系至关重要，而心理语言学同样证实了词项间关系的作用（如"邻域效应"，

Harley，2008）。我们在后面会尝试对这一点进行展开说明。

这些事实共同表明，词库绝不是仅仅存储语言中的不规则现象，相反，它包含大量（冗余）信息，这有助于快速识别词语；词库里的词项表征权重往往是不均匀的（高频词更易提取），且存在错综复杂的词际关系。在此视角下，词库如同多维联结的网络。其中，音系学的任务不是生成，而是选择特定条目用于产出或识别感知中的词项。

在融合模型中，底层形式根本不存在：说话者/听者以高精度语音细节存储所听形式（会随时间衰减，见第2—3章）。交替现象仅发生于表层形式间，不涉及底层-表层混合；表层概括可被习得。由此，我们可以推导出：① 语言习得只能利用正面证据；② OT 式的制约条件基于输出制定（因为不存在输入）；③ 制约条件本身仍为筛选范例实例的必要机制。

为了作出更具体的说明，我尝试撷取英语词库的部分内容作一表述，主要聚焦于规则交替这一问题。例如，否定前缀"in-"中的鼻音同化。在面向表层的模型中，单个语素当然不会单独存储于词库，而是作为词语的一部分存储，例如"impossible"（不可能的）。说话者可能（或多或少）意识到此类词语中存在语素边界。其他如"incoherent"（不连贯的）、"intolerant"（不宽容的）、"indecent"（不雅的）等词也是如此。这些词语共享一个意义成分"in-"（大致可表示为"不"）和一个音位配列规律：即所有鼻音与后续辅音在发音部位上要保持一致。另外，它们还都与相应的不带否定前缀的词语相关。以下图示说明了这些词汇关系：

(29) coherent — iŋcoherent
　　　连贯的　　　不连贯的
　　　　　　　　　　｜
　　　tolerant — intolerant
　　　宽容的　　　不宽容的
　　　　　　　　　　｜
　　　decent — indecent
　　　优雅的　　　不优雅的
　　　　　　　　　　｜
　　　possible — impossible
　　　可能的　　　不可能的

此处的"横向"和"纵向"关系均涉及意义-形式双重关联。此处用拼写形式呈现的词语实际上代表"范例集合"——听话者听到并在记忆中尚未衰减的所有实例。关键点在于，所有形式均为表层形式。图示(29)中的关系透明，母语者应能轻松习得(可通过简单心理语言学测试验证)。这些词语群在形式和语义上的双重关联使得关系透明度与联结强度得以倍增。

在此类情况下，说话者完全可以构建鼻音同化的制约条件(具体形式化过程暂不讨论)。因此，该框架下，OT制约条件并非普遍语法赋予(如Prince & Smolensky，1993[2004])所述)，而是基于表层形式习得。

回归到交替条件(AC)的核心问题：词库中部分词项确实呈现交替。形态相关(且说话者实际听过)的词语，如"sincere"(真诚的)、"sincerity"(真诚)，均会存储于词库中。对说话者而言，此类词通过形式与意义的双重关系联结。形式间的规律性关联即可称为语法。需注意：由于所有词项均为现存表层形式，抽象性根本无从介入——说到底，无底层表征即无抽象性。顺带指出，优选论中常见的底层表征不充分赋值假设(见上文)也得到了推导：由于所听词汇以高精度语音细节的形式存储，不充分赋值便无存在空间(第6章将深入探讨)。

5.4 小   结

过去，借助新仪器方法以及随着心理/神经语言学专业知识的增长，人们对言语表层的兴趣日益浓厚。理论层面，OT的兴起与变异、习得研究的深入，使音系学呈现空前活力。当下正是整合这些脉络，构建统一语言理论的时机。我主张：在此类理论中，表层形式的角色须远超既有假设。在基于表层的路径中，深层表征的抽象性等问题将不复存在。

第6章 不充分赋值

6.1 引　言

任何承认多个层面的理论都必须回答这个问题：在特定层面是否存在实质性制约条件？在过去五十年的音系学文献中，人们以不同方式探讨了底层（或"音系"）面临的一些问题：其一是抽象性问题（前一章已讨论）；其二是不充分赋值（underspecification）是否在音系表征中起作用。

本章将追溯不充分赋值概念的发展历程（6.2节），简要评述相关提案的多种形态。优选论研究大多假定输入表征是完全赋值的（6.3节），这可能与OT更偏向表层导向有关，但这并非必要假设。第6.4节将谈及，在融合模型这类完全基于表层的理论中，"输入表征完全赋值"是由推导得出的，而非规定性假设。第6.5节进行简要总结。

6.2　生成音系学中的不充分赋值

标准生成音系学的一个普遍假设是：音系表征（或"底层表征"/"词汇表征"/"输入"）与语音表层形式（"输出形式"）之间存在着形式差异。语音形式承载完整的语音细节，可由发音器官通过特定的发音动作产出，而音系表征却更为抽象：它们涉及二元区别特征（参见 Chomsky & Halle，1968，《英语语音模式》，SPE），甚至更为抽象的单位（见下文）。区别特征以声学和/或发音术语定义，其具有双重功能：一方面服务于分类功能（音系功能，采用二元值），另一方面可作为物理发音系统的指令（可能采用多值）。需注意，SPE 主要从发音角度定义特征（Chomsky & Halle，1968：299 页及以后），而早期模型（Jakobson 等人，1967）则更关注语音的声学属性。后来的研究延续了这一争论（如 Harris & Lindsey，2000；Vaux & Wolfe，2000），一直未达成共识。当然，特征不充分赋值的概念本身与这些特征的定义方式无关。

SPE 中已提出，二元特征的值并不平等：需区分有标记和无标记特征值（SPE：第 9 章）。某些特征值或组合具有普遍标记性（例如［＋圆唇，－后位］这种前圆唇元音是非常罕见的），而某些特征值可从其他特征值中推导出来（例如［＋浊音］从［＋响音］推导，表示在多数语言中所有响音均为浊音）。在某些情况下，该组合依赖于音节位置（例如词尾塞音的'［－响音］'特征倾向与'［－浊音］'特征共现）。若某些特征值可通过多种方式预测，则被视为冗余。需注意，标记性与特征赋值之间存在关联：有标记值则赋值，无标记值则不赋值。例如，鼻元音（如第 1.3.1 节所述）相对于口腔元音是"有标记"的，因为鼻元音带有结构标记（特征值［＋鼻音］），而口腔元音则没有标记。斯特里亚德（Steriade，1995）全面探讨了不充分赋值与标记性的关系。

逐渐地，"音系表征应无冗余"的观点开始流行（Halle，1959），即可预测的特征值必须省略，并通过"特征填充"音系规则补充（某些特征甚至可能在语音输出中仍未被赋值，Keating，1988）。任何可预测的内容均应通过规则推导。这不仅适用于音段特征，也适用于韵律特征，如音节结构和重音是可预测的，因此被排除在词汇（底层）表征之外。该策略还与另一种观点相关：词库存储容量有限，仅能容纳"特异型"信息——即语言能力受经济性原则调控，兼顾交际效率与信息存储效率（参见 Weaver & Shannon，1949）。

总结而言，SPE 的观点可表述为：

(30) 规则性变异[……]并非词库所应涵盖的内容，词库应仅包含词项特有的、无法由通用规则预测的属性。词条[……]必须包含足够信息，以便英语音系规则能确定其在各种语境下的语音形式；由于这种变异是完全可确定的，词条中不应体现语境对语音形式的影响。

(Chomsky and Halle，1968：12)

在 SPE 的第 9 章中，为了区分自然与非自然规则及音段，乔姆斯基和哈利（Chomsky and Halle，1968）提出了标记性理论，其中"无标记"值不计入音段或音系规则的复杂度。因此，底层表征中的某些特征值用"u"（unmarked，无标记）或"m"（marked，有标记）表示。标记规则随后将其转换为'±'值。

在乔姆斯基和哈利的影响下，各种版本的不充分赋值理论逐渐发展起来。其中早期的代表是阿尔昌热利的博士论文（Archangeli，1984），她提出底层表征中最多只能存在一个特征值（"激进不充分赋值理论"）。这体现了如下主张：具有某一区别特征值的音段与具有相反特征值的音段之间始终存在标记性差异。其重要推论是：某些音段可完全不赋值——这捕捉到语言可能拥有默认元音（如分解辅音丛）或默认辅音（解决元音连续）的现象，前者的应用更普遍。

以格贝语（Gengbe，多哥南部与贝宁南部的克瓦语）为例说明，其口元音系统含/i e ɛ a ɔ o u/，但/e/的表现与其他元音不对称。阿巴格洛和阿尔昌热利（Abaglo & Archangeli，1989）提出，/e/在底层完全不赋值，即不携带任何区别特征值。为推导该元音的表层值，需要一系列"特征填充"（冗余）规则，为空缺的元音槽填充[-high]（高）、[-back]（后）、[-low]（低）、[＋ATR]（舌根前）等特征。支持这一分析的证据包括：

（1）名词结构：该语言的名词在表层必须至少为双音节，且以/a/或/e/开头。分析认为这一情况实为以/a/起始的名词与底层单音节辅音起始名词的对立——后者为满足表层最小词要求，需在词首添加一个空元音位置（注意，词汇中的/e/在底层也被表示为空）。

（2）数词表现：/e/仅出现在单独发音的双音节数词中，如 èvè"二"、èn̄í"八"、ègbán"八十"。有趣的是，当数词组合时（如 kà vè"八十"，字面义为"40×2"），/e/不出现，表明该元音与单音节名词中的作用相同。

（3）跨语言证据：与亲属语言埃维语（Ewe）共享的单音节词，在格贝语中以/e/开头，例如，埃维语 gbè"语言"对应格贝语 ègbè"语言"。

阿巴格洛和阿尔昌热利（1989）还讨论了其他大量证据，并提供了更详细的分析。该框架下还包括阿尔昌热利和普勒布兰克（Archangeli & Pulleyblank，1987，1989）的一些研究等。需注意，这种不充分赋值方法本质上是语言特有的，因为并非所有语言都有相同的"默认元音"。他们还在同一篇文章中指出，约鲁巴语（Yoruba）的默认元音是/i/而非/e/，而在荷兰语中可能是弱央元音/ə/。如前文（1.3.2 节）所述，赖斯（Rice，2007：90）发现跨语言中"插入元音的舌位可以是前、中或后，高度可以是高、中或低"。如果默认元音因语言而异，且默认元音通过不充分赋值表示，那么"哪些特征（或特征值）在底层未赋值"是一种跨语言差异的问题。

该理论的一个变体是"对立不充分赋值理论"：在特定特征对立的音类中（如边音对立），两个对立值均需在底层出现（Steriade，1987）。例如，在流音这一类别中，若［lateral］（边音性）具有区别性特征，则底层表征中必须同时体现这两种属性值。这在拉丁语 l‐r 异化等案例中是非常重要的。具体案例如（31）所示（Steriade，1987；补充例子来自 Adler，1858）：

（31）a. nav-alis　　　　海军的

　　　　ancor-alis　　　与锚有关的

　　　　reg-alis　　　　皇家的

　　　b. sol-aris　　　　太阳的

　　　　consul-aris　　　执政官的

　　　　puell-aris　　　女孩的

　　　　vulg-aris　　　　粗俗的

　　　　Apollin-aris　　阿波罗的

　　　　milit-aris　　　　　军事的

　　c. litor-alis　　　　　　海岸的

　　　　sepulchr-alis　　　　葬礼的

　　　　flor-alis　　　　　　花的

　　（31a）的数据显示,形容词后缀的常规形式是'-alis'。（31b）的数据表明,如果前面有/l/,即使/l/和后缀之间有其他辅音(但非/r/),后缀也会实现为'-aris'。然而,如果最接近后缀的辅音是/r/,则后缀保持常规形式（31c）。这些数据表明:① 只有/l/和/r/在底层表征中被赋值[lateral]（边音）特征(其他介入的辅音和元音不影响异化);② 两者必须都携带该特征,否则（31c）中介入的/r/不会产生任何效果。需注意,根据激进不充分赋值理论,同一语言的底层表征中无法同时存在同一特征的两个值(如[边音])。虽然上述拉丁语案例可在激进不充分赋值理论框架下用别的方式进行分析(见 Kenstowicz,1994:508 页及以后),但其他语言数据同样支持此论点,此处不赘述。

　　将不充分赋值思想推向逻辑极致的做法,是主张特征的"无标记值"根本不存在。这将二元特征转化为一元特征,如依存音系学（DP）、管辖音系学（GP）及相关理论中的大量研究(例如 Anderson & Ewen,1987;Kaye,Lowenstamm & Vergnaud,1985;van der Hulst,1994 等)所示。需注意,这是一个更强、更具限制性的假设,因为可供语言解释的对象数量大幅减少了。例如,在这类理论中,口元音中[-nasal]（鼻音）值根本不存在,且与激进不充分赋值理论的方法类似,鼻元音与口元音相比,本质上是通过单一成分(或称"独值元素")|N|来"标记"的。

（32）　　　　　　　　　|N|
　　　　　　　　　　　　 |
　　　　　　V　　　　　　V
　　　　　口元音　　　鼻元音

此类表征都捕捉到一个事实：无标记特征通常表现出"惰性"（即较少参与音系规则，如几乎无证据显示口元音会使鼻音变为口塞音）。一元方法做出了一个强有力的预测：此类特征值永远无法在音系学中发挥作用（关于鼻冠音的表征在该框架中的处理，见 van de Weijer，1996）。

当然，也可以采取折中方法，主张某些特征可能是二元的，另一些可能是一元的。二元特征可能适用于布拉格学派意义上的真正对立（如[sonorant]（响音性），它定义了两个明确的自然类：响音和塞音）。一元特征（定义单项对立）可能包括[round]（圆唇），[voice]（浊音）和[nasal]（鼻音）（Wetzels & Mascaró，2001 讨论了[浊音]，Wetzels，2010 也间接地讨论了[鼻音]）。范德韦杰（van de Weijer，1996）提出了"折衷"方案，例如关于[continuant]（延续性）特征的处理方案——该特征可拆解为一对相互关联的特征：[stop]（阻塞性）和[cont.]（延续性）。不过，此类讨论尚未完全达成共识，此处不深入探究。下一节将探讨不充分赋值在优选论中的作用。

6.3　优选论中的不充分赋值

乍看之下，优选论中底层表征是否涉及完全赋值，这个问题似乎并不重要（Prince & Smolensky，1993[2004]，对此仅作了少量非结论性讨论）。毕竟，OT 的核心是表层形式，且对输入没有制约，因此，似乎对此问题应保持中立。然而，输入中允许何种元素都至关重要：如果像前一节所述的依存音系学（DP）和管辖音系学（GP）理论那样，若无标记特征值不存在，则参照这些值的制约条件亦不应存在。因此，音系表征元素的研究与揭示普遍制约条件集的探索直接相关。范·奥斯坦多普和范德韦杰（van Oostendorp & van de Weijer，2005a）的多篇论文也持相同观点。

在实践中，多数 OT 研究会假定底层完全赋值。但优选论的"基础丰富性"原则（ROTB，Prince & Smolensky，1993[2004]：225；McCarthy，

2008a：88 - 95)允许语言选择任何底层形式,且不设跨语言差异,这就与所谓的"完全赋值"相矛盾。所以,理论上 ROTB 应以不充分赋值为默认假设。请看麦卡锡(McCarthy,2008a：94)下面的这段论述,颇具启示性:

（33）一位匿名审稿人在一家备受推崇的期刊中批评了一位作者,因为该作者没有考虑"不充分赋值"的输入层,而审稿人认为这是"基础丰富性"所要求的。然而,这种批评只有在作者假设了存在"不充分赋值"的可能性时才成立,而实际上这位作者并没有做出这样的假设。文章进一步指出,作者完全可以假设输入具有普遍约束,比如"充分赋值",而不违反"基础丰富性"的原则。

此处显示不充分赋值取决于学者个人假设:要么假定其存在(则须普遍),要么不假定——无论如何选择,皆属特设性规定。

OT 允许不充分赋值是否合理? 从 ROTB 视角看,包括不充分赋值在内的任何输入类型都是应该存在的(Dresher,2009：157 也提出了同样观点)。这也有经验证据支持,下面我们将对比英语复数后缀(及动词第三人称单数)与序数后缀的不同表现,相关数据如(34)所示:

（34）a. cat-[s], lip-[s], rock-[s] vs. dog-[z], rib-[z], fool-[z]
　　　　猫　　　嘴唇　　石头　　　狗　　　排骨　　笨蛋

b. five　　— fifth([-fθ])
五　　　　第五

six　　— sixth
六　　　　第六

twelve　— twelfth([-fθ])
十二　　　第十二

hundred— hundredth([-tθ])
一百　　　第一百

复数后缀按前接音段清浊交替（当然，在擦音后还有[ɪz]变体）。序数后缀则不交替：它始终是清音[θ]，甚至会将前接的底层浊塞音变为清音（如"fifth"与"fives"对比）。英语中/s/与/z/、/θ/与/ð/均存在音位对立（如"mouth"与"mouther"）。生成分析因此会将复数与序数后缀的不同表现归因于这些词缀底层表征的差异，该差异通过以下方式实现：让复数后缀的[voice]（浊音性）特征不充分赋值（即记为/Z/），迫使其根据语境（或标记性制约）获取该特征的值，同时将序数后缀赋值为[-voice]（即/θ/）。这样的差异可通过习得解释：因为前者存在交替，后者不存在。在(35)中的制约条件是一种非正式的形式化表述，但却是必要的，而(36)的评估表展示了制约条件的排序（dogs 推导同理）。注意，这里涉及一个非关键性假设：填充[voice]（浊音）值不违反 IDENT-IO([voice]浊音性)：

[下面(35)的 *NOSPEC 的汉语说明应该是：输出必须被完全赋值]

(35) *NoSpec：输出必须完全明确指定

　　　ObsClVoice：塞音群在浊音性方面必须一致

　　　Ident-IO([voice])：不能改变[±浊音]的输入值

　　　*Voice：不能发[+浊音]音

(36) a.

/kæt/＋/Z/	*NoSpec	ObsClVoice	Ident-Vce	*Voice
[kætZ]	*!			
☞ [kæts]				
[kætz]		*!		*
[kædz]			*!	* *

b.

/faɪv/＋/θ/	*NoSpec	ObsClVoice	Ident-Vce	*Voice
[fɪvθ]		*!		*
☞ [fɪfθ]			*	
[fɪvð]			*	*!*

制约条件 (35) 中最低排序的 *VOICE 反映出清塞音相对浊音的无标记性,它在选择词根音向词缀同化(而非相反)的候选项时,起决定性作用(产生"无标记显现"效应,见 1.3.2 节)。另外,(35) 中两个最高层级的制约条件在英语中是不可违反的。

对英语复数与序数后缀差异的其他分析(如 Lombardi,1999;Zonneveld,2007)可能假设复数后缀底层为 /z/,而序数后缀底层为 /θ/,并完全省略 *NOSPEC 制约条件。该方法无法直接捕捉到前者交替而后者不交替的规律。无论如何,基于不充分赋值(及标记性)的分析在理论上是完全行得通的。

其他类似案例涉及元音的前后位置或圆唇方面的和谐。此类元音的相关特征可能是不充分赋值的,NOSPEC 制约条件迫使其从语境中获取值或采用无标记默认值。在某些情况下,甚至可论证 NOSPEC 在某些情况下被压制,以解释"语音不充分赋值"现象(Keating,1988)。

综上,优选论中不充分赋值的地位尚不明确(早期讨论见 Ito, Mester & Padgett,1995)。但在原则上,我们似乎没有理由回避它,毕竟,在某些分析中(如两个音交替且表层音段的值可从语境中预测,或无标记时)它是能发挥作用的。尽管如此,大多数 OT 分析者仍会选择使用完全赋值的表征。

6.4　融合模型中的不充分赋值

在当前模型中,词库实例均为携带冗余信息的表层形式。就区别特征而言,这意味着形式是完全赋值的。因此,OT 中"输入完全赋值"的常见假设是推导得出的,而非规定性的。

范例理论揭示的大量证据表明,词库远非仅存储语言中的不规则现象,而是包含着大量(冗余)信息(有助于快速识别词语)。因此,并非所有词语的表征方式均相同(高频词更易提取),并且词语间也存在无数关联。

在此视角下，词库如同一个多维网络，词项关系构成语法本身（皮埃尔亨伯特 Pierrehumbert，2011 亦持此"动态词库观"）。

6.5　小　　结

"不充分赋值问题"在生成音系学中存在已久，可追溯至结构主义思想和信息论概念。《英语语音模式》（SPE）及衍生理论采纳了这些思想并将其推向逻辑极致。其元论证之一是认为词库具有经济性，即仅能存储词项的特异性属性。

然而，心理语言学与语音学证据表明所谓的"经济性"论点难以为继，因为很多证据表明，对于这些特征其实是"过度赋值"的，而非"不充分赋值"的。OT 普遍采纳完全赋值表征或已预示此趋势。而在融合模型中，语法处理的形式皆是输出形式，因此它们自然也是完全赋值的（这源于模型架构，而非某种规定）。

尽管有此结论，对区别性特征集的存在与内容的探究仍有必要，因其关乎自然类的识别与词库关系的分类。我认为，当前模型中的区别特征应视为涌现现象，而非某种普遍集合的一部分（见 Mielke，2008）。

第7章 形态结构

7.1 引　言

在过去的一百年里,对于词的形态单位本质,以及形态学与语法的其他组成部分(如语义学、句法学和音系学)相互作用的方式,人们提出了不同的模型。其中,一个主要的争议点涉及形态单位的本质,以及语素单位之间的连接方式。

在 7.2 节中,我将讨论这些理论。在此,暂不考虑形态学与句法结构以及句法处理之间的关系,而是认为音系结构和形态结构同时存在于词库中(以详细而明确的方式存在)。然后,我将讨论在融合模型中形态结构是如何被表征以及如何被学习的(7.3 节)。最后一节会给出简要的结论。

7.2　形态学理论

霍凯特(Hockett,1954)在他的经典论文中概述了三种关于词的形态结构模型。他将这些模型分别称为"语素与排列"(Item-and-Arrangement,IA)模型、"语素与过程"(Item-and-Process,IP)模型(见Matthews,1974;Haspelmath,2002:44 页及以后),以及"词与范式"(Word-and-Paradigm,WP)模型。在这三种模型中,前两种模型受到了最多的关注。在 IA 模型中,单个语素起着重要的作用(这并不令人意外,因为霍凯特的论文是在美国结构主义传统的背景下提出的）：语素在词汇中作为具有"特定意义"和"子分类框架"的独立单位而存在。复杂语素是通过将词库中不同的语素组合在一起而构成的，由此产生的结构在句法、语义和音系方面的特征，都是单个语素各部分特征的叠加。与之相对，IP模型则将形态复杂的形式解释为在语素层面上的一种应用过程（例如，添加一个语素的情形）。人们常常发现，这两种模型几乎总是等效的。不过，在过去的几十年里，IP模型更受青睐。一些形态现象，如减损形态学（Bauer，2006），在IP模型中表达更为直接，因为在这种形态中，特定的意义与"负"语素相关联（例如，存在一个辅音消失的情形）。当然，第三种模型"词与范式"也值得关注（见Aronoff，1976，1994）。

7.3　融合模型中的形态学

在融合模型框架下，词是主要的分析单位，而词之间的关系通过词图式（word-schemas）来捕捉。这更符合霍凯特概述的词形态结构方法中的"第三种"——"词与范式"方法，因为"语素与排列"（IA）模型赋予单个语素过多的独立地位，而"语素与过程"（IP）模型则暗示规则应用于连接结构。在融合模型中，单个语素在词库中没有特定的地位，因为说话者不会将它们作为单个单位说出，因此听话者也不会以这种方式听到并存储它们。当然，这并不意味着说话者无法识别形态复杂词中的重复模式。如果遇到足够多带有特定后缀的形式，例如英语中带有"un-"的否定形式，学习者就会意识到其形式和意义上的相似性，并假定它们之间存在某种声音-意义关系（见Poppe，2011对日语和韩语动词范式的应用研究）。为了强调没有任何规则应用于任何单个语素，以及词之间的关系是多方面的而非仅是范式性的，我认为应该将基于词的模型（即这里的融合模型）命名为"语素与关系"（Item-and-Relation，IR）模型。在这个模型中，"语素"是存储在词库中的词集合（以及更大单位的集合，例如习语或常用短语），而"关系"是母语者在这类词之间假设的多种联系。这种方法与基于词的形态学的词模式(word-schemas，Bybee，1988；Becker，1990；Bochner，1993)，以及构造形态学(Construction Morphology)中的"图式"(schemata，Booij，2010)有一些相似之处，它特别适合表达两组以上词之间的关系(如Haspelmath，2002：50 的相关内容)。请看下面三组词：

（37）

attract	attraction	attractive	吸引（的）
suggest	suggestion	suggestive	建议（的）
prohibit	prohibition	prohibitive	禁止（的）
insert	insertion	——	插入（的）
——	illusion	illusive	虚幻（的）

　　哈斯佩尔马斯(Haspelmath)指出，在基于语素的框架中需要大量规则，而在基于词的方法中，这些规则可以通过一个图式来概括(Haspelmath，2002：51)。这一论点很容易迁移到本文所主张的研究路径中：例(37)中的每个词都代表一个词集合，它们都以所示的方式相互关联。值得注意的是，该模型还预测词汇框架中的空缺可能会被填补，因此我们可以期待新词形式，如"insertive"和"to illude"的出现。"insertive"在谷歌上有大约 50 万条搜索结果(例如"non-insertive acupuncture"，意为"非插入式针灸")，而后者实际上已被词典收录(意为"欺骗或蒙蔽")，截至2011 年 7 月在谷歌上有近 60 万条检索结果。

　　词的形态是如何被习得的？它在心理语言学加工中如何运作？该问题多年来一直引发激烈争论(见 Rumelhart & McClelland，1986；Pinker & Prince，1991；MacWhinney & Leinbach，1991；Marslen-Wilson & Tyler，2005；Pinker；2006)。众所周知，当某些词项的习得过程表现出规则模式，而另一些表现出例外模式时，词的形态范畴习得会呈现 U 型曲线(Brown，1973)。以不规则(或"强变化")过去式为例，儿童首先会正确地重复规则的过去式(如"walked")和不规则过去式(如"went"，"spoke")，然后发现规则，并过度应用该规则从而导致出现一些错误（如 * goed，* speaked）。当这个系统被完全掌握后，错误会消失（也许会有一些例外，如果这些例外被当作语言变化而被接受，就会导致词形的简化/规则化）。因此，如果将错误率与时间的关系作图，它会呈现出 U 型。

本书研究所主张的融合模型同样预测了该习得模式。孩子们接触到的第一批词汇会被认真地存储下来，并尽可能原样重复，此时预期会出现准确的复现。随着听到并存储的词越来越多，词库网络开始形成，孩子们将发现占主导地位的过去时规则。这绝非易事，例如，孩子们需要发现时间概念在其中起了作用。在某个阶段，孩子们会运用类推，特别是对使用频率相对较低的动词使用类推的方法（这些动词缺乏强大范例词集合的支撑，参见第 3.3 节，因而导致儿童产出错误）。当正确的形式在词库中固定下来后，错误形式就会自然而然消失。这个过程最容易通过联结主义框架来建模（Plunkett & Juola，1999）。研究者们指出，孩子们在词频较高的形式上很少犯过度规则化的错误（Marcus 等人，1992）。由于生成语法规则本位的方法通常不考虑频率因素，我们认为范例本位方法在此更具解释力。

7.4　小　　结

在本章中，我们研究了词的形态结构在融合模型中的作用。在这个基于输出的融合模型中，我们期望说话者能在输出形式的基础上发现某些形态规律。借此，他们会假定某些形式具有形态复杂性，并且能够由此创造出类推构词。我认为，既不需要，也没有任何证据表明存在像单个语素这样的次词单位，也不存在操作这些次词符串的规则。相关的概括最好在词（或多词结构）的层面上阐述，并且可以在正常的习得环境中基于输入来学习。频率因素的作用已得到充分证实，这与我们的融合模型完全兼容。

第 8 章 自 由 变 异

8.1 引　言

在本章中,我们将讨论在融合方案框架中如何对涉及变异(特别是所谓的"自由变体")的情况进行建模。

变异研究源远流长,从欧洲新语法学派时期的历时语言学,到方言地理学研究(尤其以德国和法国为代表,参见 Chambers & Trudgill,1998;第 2 章),再到社会语言学的兴起(如 Labov,1972)。然而直到近二十年,学界才开始认真探讨是否应该以及如何在语言学模型中纳入变异研究成果。

早期的生成语法研究基于完全同质言语社区中的"理想说话者-听话者"概念,即严格区分语言能力与语言运用(Chomsky,1965)。这种理想化处理对于研究乔姆斯基关注的系统性句法判断或许是必要的,但也导致变异现象长期被忽视(Chomsky,1965)。如今情况已经改变,有关变异的问题已成为语言建模的前沿问题。如果我们希望深入了解说话者的全部语言能力,就必须考虑语言运用(当然,也不应走向"仅能描述"的极端立场)。通过将语言使用纳入理论体系,更准确地说,通过厘清语言使用与语法的精确分工关系,语言学已经取得了重大进展。

在本章中,我们将考虑在融合框架中应如何解释变异。正如第 3.2 节指出的,优选论处理变异的方式尚不明确,但与范例理论的结合使其更加清晰。本章的结构如下:在 8.2 节中,我将介绍在任何给定的言语社区中,变异存在的不同维度;8.3 节将讨论运用当代音系学模型解释这些现象的路径,重点关注(假设性的)"自由变异"案例——若其真实存在,将成为检验变异模型的重要试金石。最后,在结论部分 8.4 中,我将探讨变异为何如此普遍,并援引语言习得研究理论,提出一个或许有点出人意料的解释。

8.2　变异与自由变异

变异无处不在,或如范德韦杰和西原(van de Weijer & Nishihara,2010:2319)所言:"变异是生命的调味剂"。方言地理学、社会语言学以及日益精细的实验语音学研究都表明,语言在年龄、性别、社会经济地位、社交平台、语体、语速、族群、社会网络位置(如 Fairclough,2001;Milroy & Milroy,2008)等多个维度上都存在变异,并且大多数语言使用都具有情境依赖性。

在语言变异中究竟是什么发生了变化呢? 语言在所有层面上都存在变异:元音的前后或高低的细微差异、辅音的确切发音位置、辅音的有无(通过像发音音系学那样分析为掩蔽效应,Browman & Goldstein,1986)、整个音节的省略、重音模式、词序、语法结构,甚至可能是语义解释等等。所有这些类型的变异都可能成为语言变化的起点,尤其是当某种特定的语言模式"流行起来"并在一个言语社区中传播开来的时候(如 Ohala,1989)。自社会语言学出现以来,语言变化的相关研究取得了巨大进展。在这里,我将重点关注共时层面的问题:语法中应如何捕捉语言变异? 以及说话者和听话者是如何感知和产生变异形式的? 另外,当我们考虑到除上述维度的"系统性变异"外,还存在"微观变异"时,这些问题就显得更加重要。在这里,我将"微观变异"定义为同一语言形式不同发音实例间的细微语音差异。拉波夫(Labov,2004:6)将此视为语音学的基本事实,他说:"……没有两次发音是完全相同的。语音在音段、韵律、句法和语用语境上存在无限变异。实际上人不可能'说两次完全相同的话'。"但同时,这些不同的语音形式在音系学层面被视作同一形式(Labov 也指出这一点)。也就是说,听话者正是按照说话者表达的意图去识别的。显然,语义(而非声音)在此起到了统一作用;我们将在后面回到这一点进行讨论。

变异应该成为语法的一部分吗? 试想一位说话者在非正式场合多使用形式 A,在正式场合则多使用形式 B。这种受规则支配的行为与通常被视为与语法规则的"元音和谐""鼻音后浊化"等现象并无本质区别,都可被看作是"语法的一部分"。可能有人会争辩说,虽然变异是语言的重要组成部分,但不应该纳入语法范畴,因为所谓的语法,就应该专门处理乔姆斯基(Chomsky,1965)关注的那种语义-句法判断。然而,这种观点会大大削弱语言学作为科学研究的地位。如今人们已达成广泛共识,即语言运用因素不仅是极其有趣的研究对象,而且还能为语言的"结构"特性提供新的洞见。

已有学者尝试用制约条件排序的差异来描述语体变异。在第 3.3 节中,我们曾试探性提出可以借鉴和谐语法的思路,让制约条件的权重随语境变化而调整。这种处理方式符合"不同情境下,不同制约条件发挥不同作用力"的直觉。

是否存在与语体等上述因素无关的变异呢? 这类案例被归为"自由变异"。然而,核心问题在于:这种现象是否真实存在,或者说是否真的存在"完全自由性"? 事实上,很多文献中提到的(假设性)自由变体例子多涉及特定词汇项,例如"economics"这个词的第一个音节可能发/i/或/ɛ/;尽管个别说话者可能更喜欢其中某一种发音,而且在某些方言中一种发音可能比另一种更常见,但在同一方言中,有时甚至在同一个人的个人言语中,两种形式都会出现(参见 Wells,1990)。丹尼森(Denison,1997:66)提到了另一个类似的案例:"either"和"neither"这两个词可能发[ai]或[iː]音,他自己的言语中也是如此。他还敏锐地指出,在缺乏相关统计数据时应视为"表面自由变异"。

最后,梅斯特里(Mesthrie,2009:75)等人举的例子也是假设的,并且也涉及词汇选择，具体如下："自由变体"是指在特定方言中随机使用的替代形式，例如，"often"这个词有两种发音，/t/可以发音或不发音。

自由变异也可能出现在更微观的语音层面（见下文）或形态层面。后者的典型案例如下：英语中许多双音节形容词的比较级可以用"more"这个词来构成，也可以用后缀"-er"来构成，例如"more stupid"或"stupider"（根据非正式的谷歌检索，前者的使用频率大约是后者的三倍）。这里的具体规律需要更仔细地研究（例如，有些双音节形容词不出现或较少出现这种变异，如"happy"的比较级通常是"happier"）。总体来说，"综合式"与"迂回式"比较级之间可能存在细微的语义差异，我们在此不做深入探讨。

另一个（假设性的）形态/句法自由变体案例涉及所谓的"定义句"，如下例所示，这类句子既可以使用定冠词加单数名词，也可以使用光杆复数名词（参见 Kupisch 等人，2009：226）：

(38) The shark is a type of fish with a full cartilaginous skeleton and a highly streamlined body

对比

Sharks are a type of fish with a full cartilaginous skeleton and a highly streamlined body

（释义：鲨鱼是一种具有完整软骨骨骼和高度流线型身体的鱼类。）

同样，这两种表达方式之间可能存在细微的意义差异，需要进一步研究。

正如前文几乎所有案例所示，每个潜在的"自由变异"现象本身就是一个微型研究课题：说话者实际上是怎么做的呢？能发现任何规律吗？经过这种细致考察后，很可能会发现自由变异根本不存在。社会语言学家钱伯斯和特鲁吉尔（Chambers & Trudgill，1998：49-50）明确持有这种观点，他们指出过去被视为"自由变异"的许多案例，如今已经被证实是社会语言学因素作用的结果。

（39）不存在所谓的自由变体,发生变异的特征是受制约的,有时是受
语言和社会等多种因素的综合影响。如今,大多数语言学家都
会认同心理学家费舍尔的评判:"自由变体只是一个标签,而非
一种解释。"它既没有告诉我们变体从何而来,也没有说明说话
者为何会以不同比例使用这些变体,它更像是一种将此类问题
排除在直接研究范围之外的方式

Chambers and Trudgill（1998：128）

延续菲舍尔(Fischer,1958:51)对新英格兰村庄动词-ing/-in 变异的
研究:"说话者对-ing 和-in 变体的选择,似乎与性别、阶级、人格特质(攻击
性/合作性)、情绪状态(紧张/放松)、会话正式程度以及具体动词词项
相关。"

8.3　语法中的(自由)变异

本节将探讨语法模型处理变异现象的可能路径。传统模型面临的困
境在于其通常假设不同层级间存在一一对应关系:即一个输入通常映射
为一个输出。这既适用于基于规则的理论(第 1.1 节),也适用于优选论
(第 1.2 节)。但这样的方法回避了应该如何解释变体的问题,换句话说,
当同一个意义或形式可以有多种表达方式时,传统模型该如何解释这种现
象呢? 一种解读是:在任何一个场合,确实只有一种表层形式被实现。即
使这样,问题仍然存在:语法是否应该负责解读,以及如何产生实际的所
有变体? 若纳入语音微观变异(见上节定义),这种变体集合可能是无限
的。若不予纳入,则又面临如何划定变异界限的难题。

让我们考察一个记录较完善的自由变体案例,以此探讨语法是否能够
以及如何解释这种现象。这个例子与匈牙利语中的元音和谐有关,克雷默
(Krämer,2003:199)对此进行了讨论。在匈牙利语中,分离格和近格后

缀在小部分"摇摆词干"中存在前后元音交替。克雷默引用的例证（经校正）来自奥尔松（Olsson，1992：79）（另见 Siptár & Törkenczy，2007：69 页及以后）。

（40）	分离格	近格
pozitív 积极的	pozitívról～pozitívröl	pozitívnál～pozitívnél
balek 傻瓜	balekról～balekröl	baleknál～baleknél

克雷默处理这个问题的方式很有趣，他说："语言学习者的解决办法是为这些词干设定两个相互竞争的底层形式，一个包含后元音，一个包含前元音。在这两个词干之间的选择是任意的，由于根据底层形式选择的自由变异，后缀元音也呈现出自由变体（Krämer，2003：199）。"虽然该方案原则上具有吸引力，但其实际操作机制尚不明确。像"pozitív"这样的词干在单独使用时没有表现出任何交替，所以必须引入某种绝对的中和概念（参见第 5 章）。实际上，变异发生在输出层面，并在此层面进行编码。本文采用的融合模型别无选择，只能如此处理。但这恰好给出了正确解决方案：当添加后缀时，两种交替形式都被听者听到，因此被存储于范例词集合中，两者因而都可用于变异性产出。

在基于规则的理论中，像这样的变异可以通过设定一个"可选规则"来处理（Chomsky & Halle，1968：294），但这种分析在"变异部分是结构性的、部分是自由的"情况下尤其容易受到质疑（见 Anttila，1997）。而且，它也无法回答在特定维度（如年龄、地位等）相关的变异应该如何编码的问题。

优选论在处理变异问题时也遇到了困难，通常不得不引入新的机制或对基本理论进行修改来应对这一问题。让我们考察一个与语言变化紧密关联的典型分析。在优选论中，变异原则上可能通过两种方式产生：① 如果两个候选项在违反制约条件方面相同，那么有可能在每次表达时，评估者会随机选择其中一个;② 如果使用者在不同时间采用不同的制约条件层级,那么语法的输出在不同场合可能会有所不同。

　　哈曼和齐吉斯(Hamann & Zygis,2004)探讨了第一种可能性,他们利用制约条件排序确定了变化的三个阶段。在第一阶段,制约条件存在关键性排序,评估器会选择其中一个候选形式作为优选项(Hamann & Zygis,2004:516):

(41)第一阶段:制约条件关键性排序

A>>B>>C>>D

	A	B	C	D
候选项 i		*!		*
☞ 候选项 ii			*	*
候选项 iii	*!			

　　在第二阶段,制约条件 B 和 C 的排序关系解除,候选形式 i 和 ii 将获得同等地位。如(42)所示(同样引自 Hamann & Zygis,2004):

(42)第二阶段:排序关系解除,进行自由变异

A>>B,C>>D

	A	B	C	D
☞ 候选项 i		*!		*
☞ 候选项 ii			*	*
候选项 iii	*!			

　　在此,制约条件 B 和 C 之间的虚线表示它们的等级相同。这里所包

含的层级无法在这两个候选项之间做出选择，因此它们会以自由变体的形式出现。海斯（Hayes，2000）对这一主题提出了有趣的看法，他认为制约条件之间的重叠比例不限于五五开，还可能呈现其他数值关系，这也推动了"制约条件滑动"的语言演变观。

在哈曼和齐吉斯的第三阶段，制约条件将再次进行排序。举个例子，在自由变异阶段之后，制约条件 C 变得比制约条件 B 等级更高，这将引发语言变化，正如（43）中的评估表所示：

（43）对先前平等排序的制约条件进行重新排序

A＞＞C＞＞B＞＞D

	A	B	C	D
☞ 候选项 i			*	*
候选项 ii		*！		*
候选项 iii	*！			

在最后阶段，最优的候选形式 i 胜出。对比一下，在第一阶段候选项 ii 是优胜者，可见到了这里语言已经发生了变化。新一代的说话者可能会基于词库优化原则（见上文 3.1）习得新的输入形式，这为优选论提供了处理变异的简明路径。

然而，这种对变异（第二阶段）与变化（第一、三阶段差异）的解释仍留下了一些未解决的问题。首先，它描述了变化的情况，而不是解释了变化的原因。那么，制约条件重新排序是有原因的吗？还是中间阶段的语法（第二阶段）仅仅是一种描述这个过程的方式？其次，我们是否可以质疑此处产生的自由变异解释可能失效，因为在评估表（42）中价值相等的两个候选项可能在其包含制约条件上相同，但等级较低的制约条件仍然可以区分它们。或许只有当候选形式完全相同时（这违背优选论机制），才可能在评估表中出现平局。

　　该讨论中提出的其他观点包括"无标记项的提升"(Green，1997)：某些(标记性)制约条件可以被提升等级；以及"浮动制约条件"的观点：某些制约条件在层级中不是固定的，而是可以在一定范围内"浮动"，从而导致变异(Reynolds，1994)。这些观点在此不再赘述。关于优选论中变异和变化的其他研究，可参考盖斯(Gess，2003)、安蒂拉(Antilla，2007)和库切和佩特(Coetzee & Pater，2011)等学者的著作。

　　在第3章提出的融合理论中，解释变异(包括自由变异)既更简单也更复杂。说它更简单，是因为变异形式(包括所有听到的产出实例)都存储在词集合中：词集合构成一个单元，但所有(语音)变体形式都可获取(即说话者知晓并可能产出)。因此，与传统理论中的一对一(单一的)关系不同，语法必须体现多对一的关系：从众多候选项中挑选出一个来发音，并根据语境实现适当形式。

　　融合模型优势在于变体形式的即时可用性。以英语 often 词中[t]音存废的自由变异为例(Mesthrie 等人，2009：75)，该词的范例词集合将反映实际使用情况，即包含"含[t]"与"不含[t]"的范例。如果说话者只是随机挑选范例，那么范例集合中的随机变异将反映在说话者的随机变体上。也就是说，变异源于语法对输出的非确定性，这与安蒂拉(Anttila，1997)的观点完全吻合。请注意，这就预测了说话者的自由变体将总是与言语社区中的自由变体相对应。然而，就目前对自由变异的理解程度而言，我们无法验证这一预测。

　　在融合模型中解释自由变异也更困难，恰恰是因为不能假设语法不存在。制约条件排序总是会挑选出一个变异形式(在这种情况下，"often"这个词通常要么有中间的[t]音，要么没有)，所以在这个模型下，自由变异无法预测。

　　我们要么必须规定在此类情况下语法强制缺席(这似非良策)，要么坚持认为不存在真正的自由变异案例，以遵循前文(39)所述社会语言学的观点。目前来看，我的立场是：自由变异案例是有待深入研究的素材，暂且搁置此议题。

8.4　小　　结

在本章中，我研究了融合模型对变异研究的影响，特别关注了"自由变异"的情况。应该注意的是，"自由变异"的存在本身是值得怀疑的。语言在年龄、性别、地位、正式程度及权势关系等情境维度上均存在变异。越来越多以前被认为是自由变异的情况，现在已被纳入"结构化变异"的范畴。然而，如果确实存在真正的自由变异，那么可以用一种直观直接的方式来分析它们，即认为这是语法作用缺失而导致的范例词集合随机选择。这种"随机选择"机制对于前文探讨的语体变异等案例既不可行也不必要。

最后，在本章中，让我们简要推测一下变异的功能：社会语言学与"社会的语言学"已充分证明，说话者使用变体形式来表明他们在社交网络中的地位、表达对话者群体的归属意愿或疏离态度。另外，变异是否在语言习得中也有作用呢？就母语习得而言，儿向语通常具有高音调、长时值、短单词、具体语义等程式化特征，这种言语似乎抑制而非促进变异（不过，儿童同时接触"正常"成人间的言语，使其面临奇特的语言变异图景）。至于第二语言习得，接触到目标语言不同变体的学生，能更好地学习这门语言（在感知/产出方面），并且能更好地记住所学内容（Cheng，2010）。这很可能与学生的自信心等因素有关：意识到目标语言存在变异的学生，不会那么害怕犯错，因此可能会以更"轻松"的态度对待语言学习。总之，变异的这一功能还需要更深入的研究。

第9章 结 论

在得出结论之前,我们需要回答几个关键问题。第一个问题,涉及词汇存储与语言变化之间的关系。如果在范例理论中,所有听到的形式都被存储起来,并成为语言表达的基础,那么语言变化究竟是如何发生的呢(另见 Wedel,2006)?要回答这个问题,关键在于认识到并非所有说话者都有相同的语言体验(事实上,没有两个说话者或听话者是完全一样的),所以不同说话者的个人词库会有所不同。因此,说话者之间存在调整的空间,这就有可能导致语言变化。如果这种随机变异获得了社会语言学意义,它可能会被采纳,并在一个言语社区中传播开来。对于年轻的说话者来说,调整的空间尤其大,因为他们的词库不像年长的说话者那样成熟(或者说:固定)。第二个问题,关乎是否需要在概括化/范畴化之外允许某种抽象机制:在一个范例集合中,某个特定的实例(比如出现频率最高的那个)是否可能具有特殊地位,以至于它相当于早期理论中的"底层形式"呢?说话者是否会计算范例的"共同核心"——一个具备所有范例特征,却从未被实际听闻的抽象形式? 由于没有确凿的证据支持这种观点,我们倾向于坚持一种尽可能强硬的立场,即不存在抽象过程。与此相关的一个有趣实验发现:听者总会"误听""已发生弱化的形式(例如 Ernestus,2002;Ernestus & Baayen,2007)"。当听者接触弱化形式时,为何会报告听到完整形式? 而这个完整形式肯定也存在于他/她自己的范例中集合中。对此,一种可能是,听者对现有范例进行了抽象加工,报告的是抽象出来的"正确"形式。但另有一些解释如下:完整形式同属该范例词集合,当输入信号存在缺损时可能干扰感知;或说话者在实验环境下更倾向提供"引用形式"。这都需要进一步研究。

　　总而言之，我们通过对优选论进行基础而简单的改造——采用完全赋值和范例理论意义上的"丰富"结构化词库，实质上是为范例理论（本质上是存储与范畴化理论）添加了制约条件语法。这样融合所产生的模型有许多优点：① 作为一种更贴近现实的心理语言学能力和处理过程的模型，它优于优选论；② 与标准的优选论相比，它更适合处理可变数据（包括说话者内部和不同说话者之间的数据）以及频率效应；③ 它保留了优选论中制约条件相互作用的特点，这为选择形式提供了一种非常清晰的方式（即一种生成语法），并且能够预测语言类型学中的一些音系模式。这个模型综合了来自语音学、音系学、形态学和心理语言学视角的数据，并且简要地探讨了历史变化。对于未来的发展，非常需要在这些学科的交叉点上开展进一步的合作。由于融合模型远非完善（许多基础和技术问题尚未解决或存疑），未来需要这些学科的交叉合作来推动其发展。

参 考 文 献

［1］ ABAGLO P，ARCHANGELI D. Language-particular underspe-
cification：Gengbe/e/and Yoruba/i/［J］. Linguistic Inquiry，
1989，20(3)：457－480.

［2］ ADLER G J. A practical grammar of the Latin language；with
perpetual exercises in speaking and writing：For the use of
schools，colleges，and private learners［M］. Boston：Sanborn，
Carter，Bazin & Co.，1858.

［3］ AITCHISON J. Words in the mind：An introduction to the
mental lexicon［M］. 2nd ed. Oxford：Blackwell，1994.

［4］ ANDERSON J M，EWEN C J. Principles of Dependency
Phonology［M］. Cambridge：Cambridge University Press，1987.

［5］ ANDERSON S R. A-morphous morphology［M］. Cambridge
University Press，1992.

［6］ ANTTILA A. Deriving variation from grammar［C］//
HINSKENS F，WETZELS W L，VAN HOUT R. Variation and
change in phonological theory. John Benjamins，1997：35－68.

［7］ ANTTILA A. Variation and optionality［C］//DE LACY P. The
Cambridge Handbook of Phonology. Cambridge University Press，
2007：519－536.

［8］ ARCHANGELI D. Underspecification in Yawelmani phonology
［D］. Massachusetts Institute of Technology，1984. Published

1988 by Garland，New York.

[9] ARCHANGELI D. Optimality Theory：An introduction to linguistics in the 1990s[C]//ARCHANGELI D，LANGENDOEN D T. Optimality Theory：An Overview. Blackwell，1997：1-32.

[10] ARCHANGELI D，PULLEYBLANK D. Maximal and minimal rules：Effects of tier scansion[C]. Proceedings of the North East Linguistic Society (NELS)，1987，17：16-35.

[11] ARCHANGELI D，PULLEYBLANK D. Yoruba vowel harmony [J]. Linguistic Inquiry，1989，20(2)：173-217.

[12] ARCHANGELI D，PULLEYBLANK D. Grounded Phonology [M]. MIT Press，1994.

[13] ARONOFF M. Word formation in generative grammar[M]. MIT Press，1976.

[14] ARONOFF M. Morphology by itself：Stems and inflectional classes[M]. MIT Press，1994.

[15] BATES E，GOODMAN J C. On the emergence of grammar from the lexicon [C]//MACWHINNEY B. The emergence of language. Lawrence Erlbaum，1999：29-80.

[16] BAUER L. Subtraction [C]//BROWN K. Encyclopedia of language and linguistics. 2nd ed. Elsevier，2006：263-265.

[17] BECKER T. Analogie und morphologische Theorie[M]. W. Fink，1990.

[18] BENUA L. Transderivational identity：Phonological relations between words [D]. University of Massachusetts，Amherst，1997.

[19] BENUA L. Phonological relations between words[M]. Garland，2000.

[20] BERKO J. The child's learning of English morphology[J].

Word, 1958, 14 (2 - 3): 150 - 177. https://doi. org/10. 1080/ 00437956. 1958. 11659661.

[21] BOCHNER H. Simplicity in generative morphology [M]. de Gruyter, 1993.

[22] BOERSMA P. Functional Phonology: Formalizing the interactions between articulatory and perceptual drives [D]. University of Amsterdam, 1997.

[23] BOERSMA P. Some listener-oriented accounts of h-aspiré in French[J]. Lingua, 2007, 117: 1989 - 2054. https://doi. org/10. 1016/j. lingua. 2006. 11. 004.

[24] BOERSMA P. Modelling phonological category learning [C]// COHN A C, FOUGERON C, HUFFMAN M K. Handbook of Laboratory Phonology. Oxford University Press, 2011: 207 - 218.

[25] BOERSMA P, HAYES B. Empirical tests of the gradual learning algorithm[J]. Linguistic Inquiry, 2001, 32(1): 45 - 86. https:// doi. org/10. 1162/002438901554586.

[26] BOLL-AVETISYAN N, KAGER R. Identity avoidance between non-adjacent consonants in artificial language segmentation[J]. Natural Language & Linguistic Theory, 2004, 22: 179 - 228.

[27] BOOIJ G E. Construction Morphology [M]. Oxford University Press, 2010.

[28] BOOIJ G E, RUBACH J. Postcyclic versus postlexical rules in Lexical Phonology[J]. Linguistic Inquiry, 1987, 18: 1 - 44.

[29] BROSELOW E. Unmarked structures and emergent rankings in second language phonology [J]. International Journal of Bilingualism, 2004, 8(1): 51 - 65. https://doi. org/10. 1177/136 70069040080010401.

[30] BROSELOW E, CHEN S-I, WANG C. The emergence of the unmarked in second language phonology[J]. Studies in Second Language Acquisition, 1998, 20: 26 - 280. https://doi.org/10.1017/S0272263198002071.

[31] BROWMAN C P, GOLDSTEIN L M. Towards an Articulatory Phonology [J]. Phonology Yearbook, 1986, 3: 219 - 252. https://doi.org/10.1017/S0952675700000658.

[32] BROWN A S. A review of the tip-of-the-tongue experience[J]. Psychological Bulletin, 1991, 109(2): 204 - 223. https://doi.org/10.1037/0033 - 2909.109.2.204.

[33] BROWN G D A, WATSON F L. First in, first out: Word learning age and spoken word frequency as predictors of word familiarity and word naming latency[J]. Memory and Cognition, 1987, 15(3): 208 - 216. https://doi.org/10.3758/BF03197718.

[34] BROWN R. A first language: The early stages[M]. Harvard University Press, 1973.

[35] BROWN R, MCNEILL D. The 'tip of the tongue' phenomenon [J]. Journal of Verbal Learning and Verbal Behavior, 1966, 5: 325 - 377. https://doi.org/10.1016/S0022-5371(66)80040-3.

[36] BURZIO L. Multiple correspondence[J]. Lingua, 1998, 104(1 - 2): 79 - 109. https://doi.org/10.1016/S0024-3841(97)00025-9.

[37] BURZIO L. Cycles, non-derived environment blocking, and correspond--dence[C]//DEKKERS J, VAN DER LEEUW F, VAN DE WEIJER J. Optimality Theory: Phonology, syntax and acquisition. Oxford University Press, 2000: 47 - 87.

[38] BYBEE J. Mechanisms of change in grammaticization: The role of frequency[C]//JOSEPH B D, JANDA R D. The handbook of historical linguistics. Blackwell Publishing, 2003: 602 - 623.

[39] BYBEE J L. Morphology as lexical organization [C]// HAMMOND M, NOONAN M. Theoretical Morphology: Approaches in Modern Linguistics. Academic Press, 1988: 119 - 141.

[40] BYBEE J L. From usage to grammar: The mind's response to repetition[J]. Language, 2006, 82(4): 711 - 733. https://doi. org/10.1353/lan.2006.0186.

[41] BYBEE J L, HOPPER P. Introduction [C]//BYBEE J L, HOPPER P. Frequency and the emergence of linguistic structure. John Benjamins, 2001: 1 - 24.

[42] CALABRESE A. Markedness and economy in a derivational model of phonology[M]. Mouton de Gruyter, 2005.

[43] CAMPBELL L. Phonological features: Problems and proposals [J]. Language, 1974, 50(1): 52 - 65. https://doi. org/10.2307/ 412009.

[44] CHAMBERS J K, TRUDGILL P. Dialectology[M]. 2nd ed. Cambridge University Press, 1998.

[45] CHEN M Y. Acoustic correlates of English and French nasalized vowels[J]. Journal of the Acoustical Society of America, 1997, 102(4): 2360 - 2370. https://doi. org/10.1121/1.419620.

[46] CHEN M Y. Acoustic analysis of simple vowels preceding a nasal in standard Chinese[J]. Journal of Phonetics, 2000, 28(1): 43 - 67. https://doi. org/10.1006/jpho. 2000.0106.

[47] CHENG B. The relation between speech perception and production in adult learners of English as a second language: Implications for phonetic training [D]. College of English Language and Literature: PhD. Shanghai International Studies University, 2010.

[48] CHOMSKY N. Aspects of the theory of syntax[M]. MIT Press, 1965.

[49] CHOMSKY N, HALLE M. The sound pattern of English[M]. Harper and Row, 1968.

[50] CLEMENTS G N. In defense of serialism[J]. The Linguistic Review, 2000, 17(2 - 4): 181 - 198. https://doi.org/10.1515/tlir.2000.17.2 - 4.181

[51] COETZEE A W. Syllables in speech processing: Evidence from perceptual epenthesis[C]//CAIRNS C E, RAIMY E. Handbook of the Syllable. Brill, 2011: 295 - 328.

[52] COHN A C. Nasalisation in English: Phonology or phonetics? [J]. Phonology, 1993, 10(1): 43 - 81. https://doi.org/10.1017/S0952675700001731.

[53] DEKKERS J, VAN DER LEEUW F R H, VAN DE WEIJER J. Optimality Theory: Phonology, Syntax, and Acquisition[M]. Oxford University Press, 2000.

[54] DENISON N. Language change in progress: Variation as it happens[C]//COULMAS F. The handbook of sociolinguistics. Wiley-Blackwell, 1997: 65 - 80.

[55] DIESEL H. Frequency effects in language acquisition, language use, and diachronic change[J]. New Ideas in Psychology, 2007, 25(2): 108 - 127. https://doi.org/10.1016/j.newideapsych.2007.02.002.

[56] DOWNING L J. Canonical forms in Prosodic Morphology[M]. Oxford University Press, 2006.

[57] DOWNING L J, HALL T A, RAFFELSIEFEN R. Paradigms in phonological theory[M]. Oxford University Press, 2005.

[58] DRESHER B E. The contrastive hierarchy in phonology[M].

Cambridge University Press, 2009.

[59] ELLIS N C. Frequency effects in language processing: A review with implications for theories of implicit and explicit language acquisition[J]. Studies in Second Language Acquisition, 2002, 24 (2): 143 – 188. https://doi.org/10.1017/S0272263102002024.

[60] ERNESTUS M. Statistically gradient generalizations for contrastive phonological features[J]. The Linguistic Review, 2006, 23(3): 217 – 233. https://doi.org/10.1515/TLR.2006. 008.

[61] ERNESTUS M, BAAYEN R H. Analogical effects in regular past tense production in Dutch[J]. Linguistics, 2004, 42(5): 873 – 903. https://doi.org/10.1515/ling.2004.031.

[62] ERNESTUS M, BAAYEN R H. The functionality of incomplete neutralization in Dutch: The case of past-tense formation[C]// GOLDST – EIN L M, WHALEN D H, BEST C. Laboratory Phonology 8. Mouton de Gruyter, 2006: 27 – 49.

[63] ERNESTUS M, BAAYEN R H. The comprehension of acoustically reduced morphologically complex words: The roles of deletion, duration, and frequency of occurrence[C]. Proceedings of the International Congress of Phonetic Sciences, 2007: 773 – 776.

[64] ERNESTUS M, BAAYEN R H, SCHREUDER R. The recognition of reduced word forms[J]. Brain and Language, 2002, 81(1 – 3): 162 – 173. https://doi.org/10.1006/brln.2001.2514.

[65] ETTLINGER M. Variation as a window into opacity[C]. Chicago Linguistic Society (CLS), 2007, 43: 61 – 75.

[66] ETTLINGER M. Input driven opacity[D]. University of California, Berkeley, 2008.

[67] EYSENCK M W，KEANE M T. Psychology：A student's handbook[M]. 4th ed. Psychology Press，2000.

[68] FAIRCLOUGH N. Language and power[M]. Addison Wesley Longman，2001.

[69] FERNÁNDEZ E M，CAIRNS H S. Fundamentals of psycholinguistics[M]. Wiley-Blackwell，2010.

[70] FISCHER J L. Social influences on the choice of a linguistic variant[J]. Word，1958，14(1)：47 – 56. https://doi. org/10. 1080/00437956.1958.11659655.

[71] FRANCIS W N，KUČERA H (with MACKIE A W). Frequency analysis of English usage：Lexicon and grammar[M]. Houghton Mifflin，1982.

[72] GAHL S. 'Time' and 'thyme' are not homophones：The effect of lemma frequency on word durations in spontaneous speech[J]. Language，2008，84(3)：474 – 496. https://doi. org/10. 1353/lan.0.0035

[73] GASKELL M G，HARE M，MARSLEN-WILSON W D. A connectionist model of phonological representation in speech perception[J]. Cognitive Science，1995，19(4)：407 – 439. https://doi. org/10. 1207/s15516709cog1904_1.

[74] GESS R. Bibliography：Optimality Theory and language change [C]//HOLT D E. Optimality Theory and Language Change. Kluwer，2003：413 – 417. https://doi. org/10. 1007/978 – 94 – 010 – 0195 – 3_15.

[75] GNANADESIKAN A E. Markedness and faithfulness constraints in child phonology[C]//KAGER R，PATER J，ZONNEVELD W. Constraints in phonological acquisition. Cambridge University Press，2004：73 – 108.

[76] GOLDINGER S D. Echoes of echoes? An episodic theory of lexical access[J]. Psychological Review, 1998, 105(2): 251. https://doi.org/10.1037/0033-295X.105.2.251.

[77] GOLDINGER S D. A complementary-systems approach to abstract and episodic speech perception[C]. Proceedings of the 16th International Congress of Phonetic Sciences, 2007: 49-54.

[78] GORDON M K. A factorial typology of quantity-insensitive stress[J]. Natural Language & Linguistic Theory, 2002, 20(3): 491-552. https://doi.org/10.1023/A: 1015810531699.

[79] GREEN A D. The prosodic structure of Irish, Scots Gaelic, and Manx[D]. Cornell University, 1997.

[80] GRIFFIN Z M, BOCK K. Constraint, word frequency, and the relationship between lexical processing levels in spoken word production[J]. Journal of Memory and Language, 1998, 38(3): 313-338. https://doi.org/10.1006/jmla.1997.2547.

[81] HALLE M. The sound pattern of Russian[M]. Mouton, 1959.

[82] HALLE M, VAUX B, WOLFE A. On feature spreading and the representation of place of articulation[J]. Linguistic Inquiry, 2000, 31(3): 387-444. https://doi.org/10.1162/002438900554398.

[83] HAMANN S, ŻYGIS M. Phonology[C]//AMMON U, DITTMAR N, MATTHEIER K J, TRUDGILL P. Sociolinguistics/Soziolinguistik: An International Handbook of the Science of Language and Society/Ein Internationales Handbuch Zur Wissenschaft Von Sprache Und Gesellschaft. Second edition. Volume 1. Walter de Gruyter, 2004: 512-521.

[84] HARLEY T. The psychology of language [M]. 3rd ed. Psychology Press, 2008.

[85] HARRIS J, LINDSEY G. Vowel patterns in mind and sound [C]//BURTON ROBERTS N, CARR P, DOCHERTY G J. Phonological knowledge: Conceptual and empirical issues. Oxford University Press, 2000: 185－205.

[86] HASPELMATH M. Understanding morphology[M]. Arnold, 2002.

[87] HAWKINS S. Roles and representations of systematic fine phonetic detail in speech understanding[J]. Journal of Phonetics, 2003, 31(3－4): 373－405. https://doi. org/10. 1016/j. wocn. 2003.09.006.

[88] HAYES B. A metrical theory of stress rules[D]. Massachusetts Institute of Technology, 1980.

[89] HAYES B. Metrical stress theory: Principles and case studies [M]. University of Chicago Press, 1995.

[90] HAYES B. Phonetically-driven phonology: The role of Optimality Theory and inductive grounding[C]//DARNELL M, NEWMEYER F J, NOONAN M, MORAVCSIK E, WHEATLEY K. Functionalism and Formalism in Linguistics. Vol. 1. John Benjamins, 1999: 243－285.

[91] HAYES B. Gradient well-formedness in Optimality Theory[C]// DEKK－ERS J, VAN DER LEEUW F R H, VAN DE WEIJER J. Optimality Theory: Phonology, syntax, and acquisition. Oxford University Press, 2000: 88－120.

[92] HOCKETT C F. Two models of grammatical description[J]. Word, 1954, 10(2－3): 210－231. https://doi. org/10. 1080/ 00437956.1954.11659524.

[93] HOCKETT C F. The origin of speech[J]. Scientific American, 1960, 203: 88－111. https://doi. org/10. 1038/scientificamerican

0960 – 88.

[94] HUFFMAN M K, KRAKOW R A. Nasals, nasalization, and the velum[M]. Academic Press, 1993.

[95] HYMAN L M. How concrete is phonology? [J]. Language, 1970, 46: 58 – 76. https://doi.org/10.2307/412407.

[96] IDSARDI W J, RAIMY E. Reduplicative economy[C]//VAUX B, NEVINS A. Rules, Constraints, and Phonological Phenomena. Oxford University Press, 2008: 149 – 185.

[97] INKELAS S, ZOLL C. Reduplication: Doubling in morphology [M]. Cambridge University Press, 2005.

[98] ITKONEN E. Analogy as structure and process [M]. John Benjamins, 2005.

[99] ITO J, MESTER R A. Japanese morphophonemics: Markedness and word structure[M]. MIT Press, 2003.

[100] ITO J, MESTER R A, PADGETT J. Licensing and underspecification in Optimality Theory[J]. Linguistic Inquiry, 1995, 26 (4): 571 – 613.

[101] IVERSON G K. The revised alternation condition in Lexical Phonology[J]. Nordic Journal of Linguistics, 1987, 10 (2): 151 – 164. https://doi.org/10.1017/S0332586500001633.

[102] JACKENDOFF R. A whole lot of challenges for linguistics[J]. Journal of English Linguistics, 2007, 35: 253 – 262. https://doi.org/10.1177/0075424207305598.

[103] JAKOBSON R, FANT G, HALLE M. Preliminaries to speech analysis: The distinctive features and their correlates[M]. 2nd ed. MIT Press, 1952.

[104] JOHNSON K. Speech perception without speaker normalization: An exemplar model[C]//JOHNSON K, MULLENNIX J W. Talker

variability in speech processing. Academic Press，1997：145 - 165.

[105] JOHNSON W，REIMERS P. Patterns in child phonology[M]. Edinburgh University Press，2010.

[106] KAGER R. Optimality Theory［M］. Cambridge University Press，1999.

[107] KAGER R. Feet and metrical stress［C］//DE LACY P. The Cambridge Handbook of Phonology. Cambridge University Press，2007：195 - 227.

[108] KAGER R. Lexical irregularity and the typology of contrast ［C］//HANSON K，INKELAS S. The nature of the Word： Essays in honor of Paul Kiparsky. MIT Press，2007：397 - 432.

[109] KAISSE E M，SHAW P A. On the theory of Lexical Phonology ［J］. Phonology Yearbook，1985，2：1 - 30. https：//doi. org/10. 1017/S0952675700000361.

[110] KAYE J，LOWENSTAMM J，VERGNAUD J-R. The internal structure of phonological elements：A theory of charm and government[J]. Phonology Yearbook，1985，2(1)：305 - 328. https：//doi. org/10. 1017/S0952675700000476.

[111] KEATING P A. Underspecification in phonetics ［J］. Phonology，1988，5(2)：275 - 292. https：//doi. org/10. 1017/S095267570000230X.

[112] KEHREIN W，GOLSTON C. A prosodic theory of laryngeal contrasts[J]. Phonology，2004，21(3)：325 - 357. https：//doi. org/10. 1017/S0952675704000302.

[113] KENSTOWICZ M. Cyclic vs. Non-cyclic constraint evaluation ［J］. Phonology，1995，12(3)：397 - 436. https：//doi. org/10. 1017/S0952675700002578.

[114] KENSTOWICZ M J. Phonology in generative grammar[M]. Basil Blackwell, 1994.

[115] KIPARSKY P. Linguistic universals and linguistic change[C]//BACH E, HARMS R T. Universals in Linguistic Theory. Holt, Rinehart and Winston, 1968: 170 - 202.

[116] KIPARSKY P. "Elsewhere" in phonology[C]//ANDERSON S R, KIPARSKY P. A Festschrift for Morris Halle. Holt, Rinehart and Winston, 1973: 93 - 106.

[117] KIPARSKY P. From cyclic phonology to Lexical Phonology [C]//VAN DER HULST H, SMITH N. The structure of phonological representations. Vol. 1. Foris, 1982: 131 - 175.

[118] KIPARSKY P. Blocking in nonderived environments [C]//HARGUS S, KAISSE E M. Studies in Lexical Phonology. Academic Press, 1993: 277 - 313.

[119] KRÄMER M. Vowel harmony and Correspondence Theory [M]. Mouton de Gruyter, 2003.

[120] KROTT A, BAAYEN R H, SCHREUDER R. Analogy in morphology: Modeling the choice of linking morphemes in Dutch[J]. Linguistics, 2001, 39(1): 51 - 93. https://doi.org/10.1515/ling.2001.008.

[121] KUHL P K. Brain mechanisms in early language acquisition[J]. Neuron, 2010, 67(5): 713 - 727. https://doi.org/10.1016/j.neuron.2010.08.038.

[122] KUPISCH T, ANDERSSEN M, BOHNACKER U, SNAPE N. Article acquisition in English, German, Norwegian, and Swedish[C]//LEOW R P, CAMPOS H, LARDIERE D. Little words: Their history, phonology, syntax, semantics, pragmatics, and acquisition. Georgetown University Press, 2009: 223 - 236.

[123] LABOV W. Language in the inner city: Studies in the Black English Vernacular [M]. University of Pennsylvania Press, 1972.

[124] LABOV W. Quantitative analysis of linguistic variation[C]// AMMON U, DITTMAR N, MATTHEIER K J, TRUDGILL P. Sociolinguistics/Sozio - linguistik: An International Handbook of the Science of Language and Society/Ein Internationales Handbuch zur Wissenschaft von Sprache und Gesellschaft. Second edition. Volume 1. Walter de Gruyter, 2004: 6 - 21.

[125] LEGENDRE G, MIYATA Y, SMOLENSKY P. Harmonic Grammar: A formal multi-level connectionist theory of linguistic well-formedness: Theoretical foundations[C]. Proceedings of the Annual Meeting of the Cognitive Science Society 12, 1990: 388 - 395.

[126] LEVELT C, VAN DE VIJVER R. Syllable types in cross-linguistic and developmental grammars [C]//KAGER R, PATER J, ZONNEVELD W. Constraints in Phonological Acquisition. Cambridge University Press, 2004: 204 - 218.

[127] LEVELT W J M. Speaking: From intention to articulation[M]. MIT Press, 1993.

[128] LICHTENBERK F. A grammar of Manam[M]. University of Hawaii Press, 1983.

[129] LOMBARDI L. Positional faithfulness and voicing assimilation in Optimality Theory [J]. Natural Language & Linguistic Theory, 1999, 17(2): 267 - 302. https://doi.org/10. 1023/A: 1006182130229.

[130] LOMBARDI L. Segmental phonology in Optimality Theory: Constraints and representations [M]. Cambridge University

Press，2001.

[131] MACWHINNEY B，LEINBACH J. Implementations are not conceptualiza – tions: Revisiting the verb learning model[J]. Cognition，1991，40(1 – 2): 121 – 157. https://doi. org/10. 1016/0010-0277(91)90048-9.

[132] MADDIESON I. Patterns of sounds[M]. Cambridge University Press，1984.

[133] MARCUS G，PINKER S，ULLMAN M，HOLLANDER M，ROSEN J，XU F (with CLAHSEN H.). Over-regularisation in language acquisition [M]. Society for Research in Child Development，1992.

[134] MARSLEN-WILSON W D. Functional parallelism in spoken word-recognition[J]. Cognition，1987，25: 71 – 102. https:// doi. org/10. 1016/0010-0277(87)90005-9.

[135] MARSLEN-WILSON W D，TYLER L K. The lexicon，grammar，and the past tense: Dissociation revisited [C]// TOMASELLO M，SLOBIN D I. Beyond nature-nurture: Essays in honor of Elizabeth Bates. Lawrence Erlbaum，2005: 263 – 280.

[136] MARSLEN-WILSON W D，WELSH A. Processing interactions and lexical access during word recognition in continuous speech [J]. Cognitive Psychology，1978，10(1): 29 – 63. https://doi. org/10. 1016/0010 – 0285(78)90018 – X.

[137] MATTHEWS P H. Morphology: An introduction to the theory of word-structure[M]. Cambridge University Press，1974.

[138] MCCARTHY J J. A thematic guide to Optimality Theory[M]. Cambridge University Press，2002a.

[139] MCCARTHY J J. Sympathy and phonological opacity [J].

Phonology，2002b，16(3)：331 – 399. https：//doi. org/10. 1017/ S0952675799003784.

[140] MCCARTHY J J. Optimality Theory in phonology：A reader [M]. Wiley-Blackwell，2004.

[141] MCCARTHY J J. Doing Optimality Theory：Applying theory to data[M]. Blackwell，2008a.

[142] MCCARTHY J J. The gradual path to cluster simplification[J]. Phonology，2008b，25(2)：271 – 319. https：//doi. org/10. 1017/ S0952675708001486.

[143] MCCARTHY J J. Perceptually grounded faithfulness in Harmonic Serialism[J]. Linguistic Inquiry，2011，42(1)：171 – 183. https：//doi. org/10. 1162/LING_a_00035.

[144] MCCARTHY J J，PRINCE A. The emergence of the unmarked：Optimality in prosodic morphology[C]. Proceedings of the North East Linguistic Society (NELS)，1994，24：333 – 379.

[145] MCCARTHY J J，PRINCE A. Faithfulness and reduplicative identity[C]//BECKMAN J N，WALSH-DICKEY L，URBANCZYK S. University of Massachusetts Occasional Papers in Linguistics 18：Papers in Optimality Theory. 1995：249 – 384.

[146] MCLELLAND J L，ELMAN J L. The TRACE model of speech perception[J]. Cognitive Psychology，1986，18(1)：1 – 86. https：//doi. org/10. 1016/0010 – 0285(86) 90015 – 0.

[147] MCMAHON A M S. Lexical Phonology and the history of English[M]. Cambridge University Press，2000.

[148] MESTHRIE R，SWANN J，DEUMERT A，LEAP W L. Introducing sociolinguistics[M]. 2nd ed. Edinburgh University Press，2009.

[149] MIELKE J. The emergence of distinctive features[M]. Oxford University Press，2008.

[150] MILROY J，MILROY L. Linguistic change，social network and speaker innovation[J]. Journal of Linguistics，1985，21（2）：339 – 384. https：//doi. org/10. 1017/S0022226700010306.

[151] MOHANAN K P. The theory of Lexical Phonology[M]. Reidel，1986.

[152] MORAVCSIK E A. Reduplicative constructions [C]// GREENBERG J H. Universals of human language. Vol. 3. Stanford University Press，1978：297 – 334.

[153] MÜLLER M. A Sanskrit grammar for beginners [M]. Longmans，Green and Co. ，1866.

[154] NOSOFSKY R M. Similarity，frequency，and category representations [J]. Journal of Experimental Psychology：Learning，Memory，and Cognition，1988，14(1)：54. https：//doi. org/10. 1037/0278 – 7393. 14. 1. 54.

[155] OHALA J J. Sound change is drawn from a pool of synchronic variation[C]//BREIVIK L E，JAHR E H. Language change：Contributions to the study of its causes. Mouton de Gruyter，1989：173 – 198.

[156] OHALA J J. Phonetic explanations for sound patterns[C]// HARDCAS - TLE W J，BECK J M. A figure of speech：A festschrift for John Laver. Lawrence Erlbaum，2005：23 – 38.

[157] OLSSON M. Hungarian phonology and morphology[M]. Lund University Press，1992.

[158] PASSY P. Étude sur les changements phonétiques et leurs caractères généraux[M]. Librairie Firmin-Didot，1891.

[159] PATER J. Minimal violation and phonological development[J].

Language Acquisition，1997，6(3)：201 - 253. https：//doi. org/ 10. 1207/s15327817la0603_2.

[160] PIERREHUMBERT J B. Exemplar dynamics：Word frequency， lenition and contrast ［C］//BYBEE J L，HOPPER P J. Typological Studies in Language. Vol. 45. John Benjamins， 2001：137 - 156. https：//doi. org/10. 1075/tsl. 45. 08pie.

[161] PIERREHUMBERT J B. Word-specific phonetics ［C］// GUSSENHOVEN C，WARNER N. Laboratory Phonology 7. Mouton de Gruyter，2002：101 - 140. https：//doi. org/10. 1515/ 9783110197105. 1. 101.

[162] PIERREHUMBERT J B. The dynamic lexicon［C］//COHN A C，FOUGERON C，HUFFMAN M K. Handbook of Laboratory Phonology. Oxford University Press，2011：173 - 183.

[163] PINKER S. Whatever happened to the past tense debate? ［C］// Wondering at the natural fecundity of things：Essays in honor of Alan Prince. Linguistics Research Center，2006：221 - 238. http：//escholarship. org/uc/item/0xf9q0n8.

[164] PINKER S，PRINCE A. Regular and irregular morphology and the psychological status of rules of grammar［C］. Berkeley Linguistics Society (BLS)，1991，17：230 - 251.

[165] PISONI D B. Long-term memory in speech perception：Some new findings on talker variability，speaking rate and perceptual learning［J］. Speech Communication，1993，13(1 - 2)：109 - 125. https：//doi. org/10. 1016/0167-6393(93) 90063-Q.

[166] PLUNKETT K，JUOLA P. A connectionist model of English past tense and plural morphology［J］. Cognitive Science，1999， 23(4)：463 - 490. https：//doi. org/10. 1207/s15516709cog2304_ 4.

[167] POPPE C. A word-based approach to the phonology-morphology interface in Japanese and Korean verbs: With a focus on pitch alternations[M. Phil]. Leiden University, 2011.

[168] PRINCE A, SMOLENSKY P. Optimality Theory: Constraint interaction in generative grammar[M]. Blackwell, 1993(2004).

[169] PRINCE A, SMOLENSKY P. Optimality: From neural networks to universal grammar [C]//SMOLENSKY P, LEGENDRE G. The harmonic mind: From neural computation to Optimality-Theoretic grammar. MIT Press, 2006: 124 – 143.

[170] PULLEYBLANK D. Optimality Theory and features[C]// ARCHANGELI D, LANGENDOEN T D. Optimality Theory: An overview. Blackwell, 1997: 59 – 101.

[171] RAIMY E. Deriving reduplicative templates in a modular fashion[C]//RAI – MY E, CAIRNS C E. Contemporary views on architecture and representations in phonology. MIT Press, 2009: 383 – 404.

[172] REYNOLDS W Th. Variation and phonological theory[D]. University of Pennsylvania, 1994.

[173] RICE K D. Markedness in phonology[C]//DE LACY P. The Cambridge handbook of phonology. Cambridge University Press, 2007: 79 – 97.

[174] RUBACH J. Glide and glottal stop insertion in Slavic languages: A DOT analysis[J]. Linguistic Inquiry, 2000, 31(2): 271 – 317. https://doi.org/10.1162/002438900554361.

[175] RUBACH J. Syllabic repairs in Macedonian[J]. Lingua, 2011, 121(2): 237 – 268. https://doi.org/10.1016/j.lingua.2010.09.001.

[176] RUBIN D C. Within word structure in the tip-of-the-tongue

phenomenon［J］. Journal of Verbal Learning and Verbal Behavior，1975，14（4）：392 - 397. https：//doi. org/10. 1016/ S0022-5371(75)80018-1.

［177］ RUMELHART D E，MCCLELLAND J L. On learning the past tenses of English verbs：Implicit rules or parallel distributed processing? ［C］//MCC - LELLAND J L，RUMELHART D E，T P R Group. Parallel distributed processing：Explorations in the microstructure of cognition. Vol. 2. MIT Press，1986：216 - 271.

［178］ SCHANE S A. The fundamentals of Particle Phonology［J］. Phonology Yearbook，1984，1：129 - 155. https：//doi. org/10. 1017/S0952675700000324.

［179］ SHANNON C E，WEAVER W. The mathematical theory of communication［M］. University of Illinois Press，1949.

［180］ SHAW P A. Non-conservation of melodic structure in reduplication［C］//BOSCH A R K，NEED B，SCHILLER E. Papers from the Parasession on Autosegmental and Metrical Phonology. Vol. 23. Chicago Linguistic Society，1987：291 - 306.

［181］ SHOCKEY L. Sound patterns of spoken English［M］. Wiley-Blackwell，2003.

［182］ SIPTÁR P，TÖRKENCZY M. The phonology of Hungarian ［M］. Oxford University Press，2000.

［183］ SLOOS M. Frequency effects are sensitive to phonological grammar. The interaction of resyllabification and pretonic schwa deletion as a frequency effect in Dutch［M. Phil］. Leiden University，2009.

［184］ SMITH N V. The acquisition of phonology：A case study［M］.

Cambridge University Press，1973.

[185] SMOLENSKY P，LEGENDRE G. The harmonic mind：From neural computation to Optimality-Theoretic grammar［M］. Vols. 1－2. MIT Press，2006.

[186] STAMPE D. A dissertation on Natural Phonology［D］. University of Chicago，1973.

[187] STERIADE D. Redundant values［C］. Chicago Linguistic Society，1987，23：339－362.

[188] STERIADE D. Reduplication and syllable transfer in Sanskrit and elsewhere［J］. Phonology，1988，5(1)：73－155. https://doi. org/10. 1017/S0952675700002190

[189] STERIADE D. Underspecification and markedness［C］// GOLDSMITH J. The handbook of phonological theory. Blackwell，1995：114－174.

[190] STERIADE D. The phonology of perceptibility effects：The P-map and its consequences for constraint organization［Unpublished Manuscript，Massachusetts Institute of Technology］，2001.

[191] STERIADE D. Contrast［C］//DE LACY P. The Cambridge Handbook of Phonology. Cambridge University Press，2007：139－157.

[192] STEVENS K N，KEYSER S J. Primary features and their enhancement in consonants［J］. Language，1989，65(1)：81－106. https://doi. org/10. 2307/414843.

[193] TANG K E. The phonology and phonetics of consonant-tone interaction［D］. University of California，Los Angeles，2008.

[194] TESAR B，SMOLENSKY P. Learnability in Optimality Theory ［M］. MIT Press，2000.

[195] TRUBETZKOY N S. Principles of phonology［M］.（C. A. M.

Baltaxe，Trans.）. University of California Press，1969.

[196] URBANCZYK S. Reduplication［C］//DE LACY P. The Cambridge handbook of phonology. Cambridge University Press，2007：473－494.

[197] VAN DE WEIJER J. Segmental structure and complex segments ［M］. Niemeyer，1996.

[198] VAN DE WEIJER J. Optimality Theory and Exemplar Theory ［J］. Phonological Studies，2009，12：117－124.

[199] VAN DE WEIJER J. Optimality Theory：Experimental extensions［J］. Journal of the Phonetic Society of Japan，2010，14(1)：7－12.

[200] VAN DE WEIJER J，NISHIHARA T. Morphological variation in Japanese（special issue）［J］. Lingua，2010，120(11)：2747－2952. https：//doi. org/10. 1016/j. lingua. 2010. 03. 025.

[201] VAN DE WEIJER J C. Language input for word discovery［D］. Max Planck Institute for Psycholinguistics，University of Nijmegen，PhD 1998.

[202] VAN DER HULST H. Radical CV phonology：The locational gesture［J］. UCL Working Papers in Linguistics，1994，6：439－477.

[203] VAN OOSTENDORP M. Exceptions to final devoicing［C］// VAN DE WEIJER J，VAN DER TORRE E J. Voicing in Dutch：（De）voicing—Phonology，phonetics，and psycholinguistics. John Benjamins，2007：81－98. https：//doi. org/10. 1075/cilt. 286. 04oos.

[204] VAN OOSTENDORP M，VAN DE WEIJER J. Phonological alphabets and the structure of the segment［C］//VAN OOSTENDORP M，VAN DE WEIJER J. The internal

organization of phonological segments. Mouton de Gruyter，2005a：1-23.

[205] VAN OOSTENDORP M，VAN DE WEIJER J. The internal organization of phonological segments[M]. Mouton de Gruyter，2005b.

[206] VENNEMANN T. Words and syllables in Natural Generative Grammar[C]//BRUCK A，FOX R A，LA GALY M W. Chicago Linguistic Society：Parasession on Natural Phonology. Chicago Linguistic Society，1974：346-374.

[207] WATANABE H. A morphological description of Sliammon，Mainland Comox Salish，with a sketch of syntax[M]. Nakanishi，2003.

[208] WEDEL A B. Exemplar models，evolution and language change [J]. The Linguistic Review，2006，23：247-274. https://doi.org/10.1515/TLR.2006.010.

[209] WELLS J C. Longman pronunciation dictionary[M]. Longman，1990.

[210] WETZELS W L. Word prosody and the distribution of oral/nasal contour consonants in Kaingang[C]//CARLIN E B，VAN DE KERKE S. Linguis tics and Archaeology in the Americas：The Historization of Language and Society. Brill，2010：253-270.

[211] WETZELS W L，MASCARÓ J. The typology of voicing and devoicing[J]. Language，2001，77(2)：207-244. https://doi.org/10.1353/lan.2001.0123.

[212] WILSON C. Consonant cluster neutralisation and targeted constraints[J]. Phonology，2001，18(1)：147-197. https://doi.org/10.1017/S0952675701004043.

［213］ ZONNEVELD W. Issues in Dutch devoicing［C］//VAN DE WEIJER J，VAN DER TORRE E J. Voicing in Dutch：（De）voicing—Phonology，Phonetics，and Psycholinguistics. John Benjamins，2007：1－40.